教育部人文社会科学研究青年基金项目
"马克思主义民生思想与当代中国民生建设研究"
（项目编号：11YJC710054）

中国转型期
农村社会救助问题研究

王贤斌 著

中国社会科学出版社

图书在版编目（CIP）数据

中国转型期农村社会救助问题研究/王贤斌著.—北京：中国社会科学出版社，2016.3
ISBN 978-7-5161-7489-0

Ⅰ.①中… Ⅱ.①王… Ⅲ.①农村—社会救济—研究—中国 Ⅳ.①F323.89

中国版本图书馆 CIP 数据核字（2016）第 017925 号

出版人	赵剑英
责任编辑	刘晓红
特约编辑	陆慧萍
责任校对	周晓东
责任印制	戴　宽

出　版	中国社会科学出版社
社　址	北京鼓楼西大街甲 158 号
邮　编	100720
网　址	http：//www.csspw.cn
发行部	010-84083685
门市部	010-84029450
经　销	新华书店及其他书店
印刷装订	三河市君旺印务有限公司
版　次	2016 年 3 月第 1 版
印　次	2016 年 3 月第 1 次印刷
开　本	710×1000　1/16
印　张	11.5
插　页	2
字　数	226 千字
定　价	46.00 元

凡购买中国社会科学出版社图书，如有质量问题请与本社营销中心联系调换
电话：010-84083683
版权所有　侵权必究

摘 要

随着社会经济体制的变革与转轨,我国农村贫困问题呈现出一些新的特征,并已成为影响我国经济发展与社会和谐的重要因素。作为农村社会保障体系中的"最后一道安全网",农村社会救助对于改善农民生活、缩小贫富差距、维护社会公平、实现社会融合具有非常重要的意义。本书在实地调查和文献解读的基础上,综合运用历史与逻辑相结合、实证与规范分析相结合、共性与特性分析相结合等方法,从理论与实践两个层面对我国转型期农村社会救助问题作一系统探讨,以期为完善农村社会救助政策、提高农村社会救助成效提供些许有益建议。全书共分为五章,其逻辑架构与简要论述如下:

第一章为导论。本章首先阐明论文的选题背景和研究意义,并对社会救助的概念进行了界定,就当前学术界关于农村贫困及其社会救助的研究文献进行简要的梳理与评析,介绍了本书的研究方法和相关实证资料的来源,同时说明了本书的研究思路与新意。

第二章为社会救助的理论基础与农村贫困现状。本章系统探讨了马克思主义经典作家的社会救助观和党的十六大以来我国关于社会救助指导思想的最新发展,并就转型期我国农村贫困的现状及其形成原因进行了阐述与分析,以为我国农村社会救助政策的发展与完善提供理论基础和现实依据。马克思主义经典作家的社会救助观涵盖广泛,涉及现代社会救助的基本内容。在实际探索中,他们始终坚持历史唯物主义的思想方法,立足于当时社会生产力的发展水平,从人的实际生活需要入手,对社会救助的基本观点进行了论述。在马克思主义社会救助观中,社会救助政策的基本框架已经形成,对推动我国现阶段社会救助事业的发展具有重要的指导意义。改革开放以来,我国采取多种有效救助措施,促进了人们生活水平的显著提高,大幅度缩减了农村贫困人口,但当前我国农村贫困问题依然存在并呈现出一些新的特征。本章论述了农村贫困人口的规模、构成和空间分布，又着重分析了农村贫困问题的产生机制。研究认为，社会转型以及由此产生的社会政策与制度的变革是农村贫困形成的主要原因，因此对农村贫困人群实施救助是政府不可推卸的责任，政府应充分利用社会转型这个有利时机大力发展农村社会救助事业。

第三章为中国农村社会救助政策的实践与评析。本章首先简要阐述农村最低生活保障制度、扶贫开发政策、五保供养制度、新型农村合作医疗制度、教育救助制度的发展过程，重点分析各个救助项目在实践中存在的主要弊端，并结合具体情况提出了相应的改进措施。鉴于农村低保制度在农村救助政策体系中的基础性地位，本章从保障资金、保障对象、保障标准、退出机制、法律法规和组织保证等方面对这一制度存在的问题进行了详细解析，并提出应通过建立农村低保资金的筹措机制、加快农村低保制度的立法与配套改革、完善农村低保对象的甄别机制、合理提高农村低保标准和健全农村低保退出机制等方式来加以改进。同时，本章提出政府应注重农村社会救助政策的科学化、系统化、法制化和规范化建设，确立现代救助理念，提升公众救助意识，充分发挥救助对象的主体性作用，做好救助对象扩大后的认定工作，培育救助工作的多元化主体，合理界定各救助主体的权责，健全救助工作的评估与管理机构，建立综合性的农村社会救助体系，在保障农村贫困群体基本生活的基础上，突出其发展性需求，彰显救助工作的人文关怀。

第四章为农村社会救助的非政府组织介入。在如何消除农村贫困方面，本章提出非政府组织应积极参与农村社会救助。作为农村社会救助工作的重要社会主体，非政府组织在补充救助资金、提高救助效率和满足救助多样性需求等方面具有独特的优势，并且其救助模式也具有多种类型。由于我国非政府组织介入农村社会救助领域还处于起步阶段，在其发展过程中还存在着一些不规范的地方，主要包括政府的支持力度不够、运行经费短缺、专业人才匮乏、相关法律体系不健全，其原因在于非政府组织的社会认可度和公信力较低、没有法律地位、自身结构不够合理，以及运作模式也不够成熟，因此我们应树立正确的理念与价值观、理顺非政府组织与政府的关系、推进相关的法律体系建设、建立非政府组织救助应对机制、加强非政府组织的自身能力建设，以推动非政府组织的健康发展，充分发挥其在农村社会救助中的积极作用。

第五章为完善我国农村社会救助面临的境况与对策。在上述研究的基础上，本章从整体性角度对如何完善我国农村社会救助政策进行了探讨。研究认为我国现阶段在经济、政治与社会条件以及实践经验等方面为农村社会救助政策的发展与完善提供了有利的因素，但由于受经济生活条件和社会发展程度的制约，我国现行的农村社会救助政策在外部和内部两个方面都面临着一些困境。为充分发挥农村社会救助保障农民基本生活、维护社会公平与和谐发展的重要作用，本章提出了实施农村社会救助的目标要求与基本原则，并从优化救助资源的供给系统、注重救助体系建设的衔接配套、健全救助管理体制与工作机制、着力构建城乡一体化的社会救助体系、推进农村社会救助的法制化进程等方面提出对策建议。

研究表明：在社会转型期，我国农村社会救助制度框架已经基本形成，但其内容体系尚不完善、运行成效还有待提高，构建适合我国国情的农村社会救助政策体系意义重大，并将是一个长期的过程。各级政府要确立以公平为核心的价值取向，社会各界也应积极参与农村社会救助，以共同推进农村社会救助政策的发展与完善，提高农村社会救助的实施成效。

关键词： 农村贫困　社会救助　政策体系　问题　建议

ABSRTACT

With the reform and transition of socio – economic system, the poverty problem of Chinese rural areas which shows some new features has become an important factor to affect China's economic development. As "the final safety net" in the rural social security system, the rural social assistance is very important to improve farmers' living and maintain social fairness. Based on surveys and literature interpretation, by using the methods of combination of history and logic, combination of empirical and normative analysis, combination of common and characteristic analysis, we discuss the problem of rural social assistance in transition period from both theory and practice, in order to improve the rural social assistance policies and effects. The paper is divided into five chapters and the logical structure and brief discussion of it are as follows:

The first chapter is about the introduction of the paper. The main contents include the background and significance, basic concepts, literature review, methods, information, research ideas and novelty. This is a fundamental part of the paper.

The second chapter is about the theoretical basis for social assistance and rural poverty situation. It discusses the social assistance concept of Marxism classical writers and the latest developments in the guiding ideology since the 16th Congress of the Communist Party of China. The overall condition and causes of the rural poverty in the China's transition period are also analyzed. Marxism classical writers's concept covers a wide range of social assistance, involving the basic content of the social assistance. Actually, they always adhere to the method of historical materialism, based on the level of development of social productive forces, which needs to start from the actual life of the people on that basic concept of social assistance were discussed. From the concept of social assistance of Marxism, the basic framework of the social assistance policy has been formed, which is cause of the present stage of social assistance. Since the reform and opening up, China has been adopting effective measures to promote improve people's living standards, but rural poverty still exists and are showing some new features. This paper discusses the scale, composition and spatial distribution of the rural poor, and tries to analyze the generation mechanism of the problem of rural poverty. That social transformation and the resulting social policy and institutional changes are the main reasons for the formation of rural poverty. Government can not shirk responsibility which should take full advantage of this favorable opportunity to develop the rural social assistance vigorously.

The third chapter is about the comments of policy and practice of the rural social assistance. The processes of the rural minimum living standard security system, the rural poverty alleviation and development policy, system of five guarantees, the new rural cooperative medical system, and education assistance system were briefly described. Moreover, the main problems of the each assistance project in practice are analyzed and the improvements corresponding to the specific circumstances are suggested. In view of the basic status of the rural minimum living standard security system in rural rescue policy system, the problems of it are analyzed from the security funds, security objects, security standards, exit mechanisms, laws and regulations, and organizational assurance. The system should be improving by perfecting rural minimum fund – raising mechanism, speeding up the legislation and supporting reform, perfecting the screening mechanism of the rural minimal assurance objects, reasonably increasing the minimum security standard and improving the exit mechanism. At the same time, the paper proposes that the government should focus on the standardization and legalization construction, establishing the concept of modern rescue, raise public awareness and giving full play the main role of the relief object, doing a good job to identify the rescue objects, cultivating diversified subjects of the relief work, reasonably defining the main rights and responsibilities, strengthening assessment and management agencies, establishing a comprehensive rural social assistance system, highlighting the poor farmers development needs and the humane care of the social assistance.

The forth chapter is the study of the NGO intervention in rural social assistance. How to eliminate rural poverty, this paper proposes that the NGO should be actively involved in rural social assistance. As a important social subject of the rural social assistance, the NGO has unique advantages in the supplementary relief funds to improve the efficiency and in reliving diversity needs, and its rescue mode also has a variety of types. China's NGO which involved in the field of rural social assistance is still in its infancy. In the course of its development, there are some non-standard aspects, including the support of the government which has not done enough work, shortage of funds and professionals. And the relevant legal system is not perfect. The reason is that social acceptance and credibility of the NGO is low, it has no legal status, and its own structure is not reasonable, as well as the mode of operation is not mature enough. Therefore, we should establish the correct beliefs and values to rationalize the relationship between NGO and government, to promote the legal system. The NGO should strengthen its capacity, build and promote its healthy development, give full play its positive role in the rural social assistance.

The fifth chapter is about the situation and countermeasures of China's rural social assistance. On the basis of the above study, the chapter discusses social assistance policy from a holistic perspective. The present stage in the economic, political and social conditions, as well as practical experience have provided a favorable factor for the development and improvement of rural social assistance policy, but due to the economic living conditions and social development, China's current rural social assistance, are also facing some difficulties in the external and internal. For protecting the basic livelihood of farmers, maintaining social fair and harmonious, the paper put forward the goal of the implementation of the rural social assistance and the basic principle. We should optimize the supply system of assistance resources, focus on joining rural social assistance system, improving management system and working mechanism, building the social assistance system of the urban-rural integration, and promote the legalization process.

The study shows that framework of the rural social assistance system has been basically formed in social transition period, but its content system is not perfect, and the effectiveness of running should to be improved. Building of rural social assistance policy system should be suitable for China, which is significant and a long - term process. All levels of government should to establish a fair value orientation, should also be actively involved in rural social assistance as the core. The community should work together to promote the development and improvement of rural social assistance policy so that to improve the effectiveness of the implementation of the rural social assistance.

Key Words: rural poverty social assistance policy system problem-propose

目 录

第一章 导论 1

第一节 选题背景与研究意义 1

第二节 基本概念的界定 4

    一 社会救助的含义 4

    二 社会救助的对象 5

    三 社会救助与相关概念辨析 6

第三节 文献综述 9

    一 农村贫困的成因 9

    二 农村社会救助政策存在的问题 10

    三 完善农村社会救助政策的基本途径 13

第四节 研究方法与资料说明 15

    一 研究方法 15

    二 资料说明 16

第五节 研究思路与主要新意 17

    一 研究思路 17

    二 主要新意 18

第二章 社会救助的理论基础与农村贫困现状 19

第一节 社会救助的理论基础 19

    一 马克思恩格斯的社会救助观 19

    二 列宁的社会救助观 23

    三 中国特色的社会救助观 25

第二节 农村贫困现状及成因 33

    一 农村贫困的现状 34

二　农村贫困的特征 ……………………………………… 41
　　三　农村贫困的成因 ……………………………………… 44

第三章　中国农村社会救助政策的实践与评析 …………………… 52
　第一节　农村最低生活保障制度 ……………………………… 53
　　一　农村最低生活保障制度的发展演变 ………………… 53
　　二　农村最低生活保障制度的重要意义 ………………… 56
　　三　农村最低生活保障制度存在的主要问题及反思 …… 59
　第二节　农村扶贫开发政策 …………………………………… 65
　　一　农村扶贫开发政策的历史发展 ……………………… 66
　　二　农村扶贫开发政策的运行方式 ……………………… 69
　　三　农村扶贫开发政策评析 ……………………………… 73
　第三节　农村五保供养制度 …………………………………… 80
　　一　农村五保供养制度的发展与实施 …………………… 80
　　二　农村五保供养制度评析 ……………………………… 82
　第四节　新型农村合作医疗制度 ……………………………… 86
　　一　新型农村合作医疗制度的创建与实施 ……………… 86
　　二　新型农村合作医疗制度评析 ………………………… 88
　第五节　教育救助制度 ………………………………………… 92
　　一　教育救助制度的建立与发展 ………………………… 93
　　二　教育救助制度评析 …………………………………… 95

第四章　农村社会救助的非政府组织介入 ………………………… 102
　第一节　非政府组织介入社会救助的优势与模式 …………… 102
　　一　非政府组织介入社会救助的优势 …………………… 102
　　二　非政府组织介入农村社会救助的模式 ……………… 104
　第二节　非政府组织介入农村社会救助的问题分析 ………… 106
　　一　非政府组织介入农村社会救助存在的问题 ………… 106
　　二　非政府组织介入农村社会救助存在问题的原因分析 …… 109
　第三节　非政府组织有效介入农村社会救助的构想 ………… 112
　　一　树立正确的 NGO 理念和价值观 …………………… 112
　　二　理顺 NGO 与政府的关系 …………………………… 113

  三 推进相关的法律法规体系建设……………………………… 113
  四 建立NGO救助应对机制……………………………………… 114
  五 加强NGO的自身能力建设…………………………………… 115

第五章 完善我国农村社会救助面临的境况与对策……………… 116
 第一节 农村社会救助政策发展的有利因素………………………… 116
  一 农村社会救助的经济基础…………………………………… 116
  二 农村社会救助的政治基础…………………………………… 120
  三 农村社会救助的支撑条件…………………………………… 122
  四 农村社会救助的实践经验…………………………………… 124
 第二节 完善我国农村社会救助面临的困境………………………… 126
  一 农村社会救助面临的外部困境……………………………… 126
  二 农村社会救助面临的内部困境……………………………… 131
 第三节 完善我国农村社会救助的对策……………………………… 137
  一 农村社会救助的目标要求和基本原则……………………… 137
  二 完善我国农村社会救助的对策建议………………………… 140
  三 完善我国农村社会救助的几点反思………………………… 147

结 论 …………………………………………………………………… 150

附录一 …………………………………………………………………… 153

附录二 …………………………………………………………………… 156

参考文献 ………………………………………………………………… 157

第一章 导论

贫困是发展中国家普遍存在的现象，缓解与消除贫困，促进人类社会全面发展和繁荣是国际社会共同的价值目标，同时，也是我们党和政府不可推卸的历史责任。农村贫困不仅是重要的经济问题，也是重要的社会问题和政治问题。本书研究中国转型期农村社会救助问题，旨在为提高农村社会救助成效、缓解农村贫困提供一些策略与建议。

第一节 选题背景与研究意义

任何一种社会制度的形成与发展都要遵循两个规律：一是要符合社会经济的历史发展方向；二是要着眼于特定历史阶段的社会现实基础。中国传统农村社会救助制度是在计划经济体制下逐步形成和发展起来的，与特定历史时期的生产方式和政治体制相匹配。新中国成立后，鉴于当时社会经济条件和人民生活状况，我国采取了以五保供养、临时救助灾民、生产自救、群众互助为主体的农村社会救助措施，不仅为数千万忍饥受冻、生存困难的人们提供了最基本的生活保障，使农村中的贫困对象大幅减少，而且对于恢复发展农业生产和国民经济，维护巩固新生政权起到了至关重要的作用。1956年我国农村中以家庭为单位的个体经济转变为以高级农业合作社为单位的集体经济，这标志着我国农村集体经济制度的基本确立和以集体经济为基础的农村社会救助制度框架的初步建立。这一传统的农村社会救助制度适应于我国当时的社会经济条件，促进了我国农村的社会主义改造和社会主义建设，对社会经济发展作出了积极的贡献。

改革开放以来，我国进入了向市场经济转型的历史时期。由于家庭联产承包责任制的实施，农村原有的集体经济趋于瓦解，计划经济体制下的保障模式也被逐步变革，传统社会救助制度开始向现代社会救助制度转变。从20世纪90年代开始，我国加快了对农村社会救助制度的改革进程，由此促进了我国农村社会救助事业的快速发展。同时，随着我国社会主义市场经济体制的不断完善，市场在资源配置中的基础性作用逐步增强。市场经济追求效率，市场竞争遵循"优胜劣汰"规则。由于不同社会群体在拥有物质资料、生产经营能力和自身条件等方面存在差异，这就必然会产生贫困人群。在农村，这个人群的数量和规模是巨大的。据国务院新闻办发布的数据显示，截至2010年年底，全国农村贫困人口为2688万，占农村总人口的2.8%[①]，在2011年11月国家将贫困标准由2010年的1274元提高到2300元，以新的标准计算，我国贫困人口将大幅增加。贫困人口的生活困难又总是与看病难、上学难等问题交织在一起，凸显出贫困问题的复杂性和严峻性。由于这些市场经济条件下的农村贫困群体无法依靠市场经济本身的机制来维护公平，保障基本生活，这对促进社会发展与构建和谐社会构成巨大挑战，必须以制度化的方式予以解决，必然要求政府切实履行职责，在发展和完善社会主义市场经济的同时，进一步完善农村社会救助政策，切实保障农村贫困人群的基本生活，以维护社会公平，实现社会融合。

应该看到，我国一直高度重视农村社会救助工作，特别是党的十六大以来，农村社会救助被摆上了政府工作的重要位置。党的十六大和十六届四中全会明确提出，要健全社会保险、社会救助、社会福利和慈善事业相衔接的社会保障制度。党的十六届五中、六中全会再次强调，要坚持以科学发展观统领经济社会发展全局，建立健全与经济发展水平相适应的社会保障体系，完善社会救助体系。这些战略部署都是指导农村社会救助制度发展的重要举措。在当代中国，深入研究农村社会救助问题具有非常重要的意义。

第一，有助于促进农村经济的健康发展。农村经济的健康发展，必须以大力发展农村市场经济为重要前提，而农村市场经济的发展，又必须以建立农村社会救助制度为支撑条件。市场经济的一个明显特征就是风险经济，农村经济也不例外。随着家庭联产承包责任制的推行，农户

---

① 中国新闻网：《〈中国农村扶贫开发的新进展〉白皮书》，http://www.chinanews.com/gn/2011/11-16/3464433.shtml。

脱离了集体而成为独立的商品生产者与经营者，这就决定了他们面临着比以前更多的生产和生活风险。同时，由于经济体制改革的持续深入和农业生产力的不断提高，出现了大量的农村剩余劳动力，他们脱离了传统农业而成为农民工或在家待业，这种情况迫切需要开展农村社会救助。而对农村社会救助问题进行研究，提出有针对性与可操作性强的救助措施，可以有效地发挥农村社会救助的"安全网"作用，使农户在市场经济发展中得到生产生活保障，帮助农民实现脱贫致富，促进农村经济的健康发展。

第二，有助于维护社会公平与社会稳定。农民为国家经济社会建设作出了巨大的贡献，理应公平地享受到社会改革与发展所带来的成果。但随着市场机制配置资源作用的不断增强，部分农民由于自身条件及各种因素在这种环境中处于明显的弱势地位，势必导致社会贫富差距日益扩大，这是不公平的，当然也容易引起不同社会群体间的隔阂，产生各种社会矛盾。通过研究农村社会救助问题，提高农村社会救助成效，能够帮助农村困难群体提高其生产生活水平，缩小不同社会成员间的收入差距，进而维护社会公平与社会稳定。

第三，有助于保障农村贫困群体的基本权利。我国《宪法》明确规定："公民在年老、疾病或者丧失劳动能力的情况下，有从国家和社会获得物质帮助的权利。国家发展为公民享受这些权利所需要的社会保险、社会救济和医疗卫生事业。"[①] 通过实施农村社会救助，满足农村困难群体的基本生活需求，是保障其基本权利的重要内容。农村特殊困难群体由于各种原因，无法提高初次分配的收入。研究农村社会救助问题，通过对国民收入进行合理再分配，并采取其他各种有效措施，使农村贫困群体的基本生活得到保障，也就维护了他们的基本生存权利。

第四，有助于计划生育政策的有效落实。实行计划生育是我国经济社会和谐发展的重要条件，也是我国长期坚持的一项基本国策。在实际工作中，农村地区一直是此项政策实施的重点与难点，这不仅是因为农民思想觉悟较低，更主要的是"养儿防老"在农村往往是一种无奈的选择。农民年老后由于丧失劳动能力而又不能得到社会救助，其生活来源只能依靠子女，倘若子女较少或者没有子女，他们的基本生活就非常困难。通过研

---

① 2004年《中华人民共和国宪法》第四十五条。

究农村社会救助问题，促进农村社会救助的有效实施，可以在很大程度上改变我国"家庭养老、多子多福"的传统观念，扫除在农村落实计划生育政策的最大思想障碍，避免产生计划外高出生率的现象，也为解决我国农村人口老龄化问题提供了一个重要的途径。

第二节　基本概念的界定

概念是思维最重要的基本要素，是学术论证的基点。根据本书的研究需要，特对如下一些基本概念进行界定、诠释与比较，以免产生混淆。

一　社会救助的含义

（一）社会救助概念的由来

20 世纪初期，以"自助助人"为主题的社会工作在西方发达国家发展盛行，西方社会工作者在实践中对贫困人口的帮助，已经超越了传统社会扶贫济困的范围，他们针对"济贫"这种体现旧的思想意识的旧观念，提出了"公共援助"（Public Aid）这个新概念。"公共援助"这一词汇最早见于英国在 1909 年发布的"济贫法和济贫事业皇家委员会"的政策报告中，这个官方文件强调的是：应该废除以惩戒贫困人群为基本目的的 1601 年《济贫法》，取而代之以合乎伦理道德的"公共援助"。后来"公共援助"又衍生出"社会救助"（Social Assistance）一词。[①]

（二）社会救助的含义

关于社会救助，学术界从不同的角度赋予其多元性的含义。郑功成解释了社会救助的内涵，并提出了社会救助外延的组成部分，认为："社会救助的内涵，是指国家和社会面向由贫困人口与不幸者组成的社会脆弱群体提供款物接济和扶助的一种生活保障政策，它通常被视为政府的当然责任或义务，采取的也是非供款制和无偿救助的方式，目标是帮助社会脆弱群体摆脱生存危机，以维护社会秩序的稳定。社会救助的外延，则包括灾害救助、贫困救助和其他针对社会脆弱群体的扶助措施"。[②]

[①] 米勇生主编：《社会救助》，中国社会出版社 2009 年版，第 1 页。
[②] 郑功成著：《社会保障学：理念、制度、实践与思辨》，商务印书馆 2000 年版，第 13—14 页。

洪大用则把社会救助看作一种制度安排,并说明了这种制度安排的主要目的及其构成,认为,"社会救助是当社会成员由于各种原因陷入社会生活困境或无力伸张其权益时,由国家和社会按照法定的程序和标准向其提供现金、物资或其他方面的援助与支持的一种制度安排,这种制度安排旨在保障社会成员的基本权利,促进社会的和谐稳定。社会救助包含了政府救助和民间互助两个部分,是现代社会保障制度的重要组成部分"。[①]

唐均从公民基本权利的角度对社会救助进行了界定,即"社会救助是现代国家中得到立法保障的公民基本权利之一,当公民难以维持最低生活水平时,由国家和社会按照法定的程序和标准向其提供保障其最低生活需求的物质援助的社会保障制度"。[②] 这一观点还包含将社会救助视为一种对公民最低生活需求的保障。

上述对于社会救助的界定虽然表述形式不同,内涵也存在差异,但其基本观点是一样的,即社会救助是国家和社会向生活处于困难之中的公民提供款物和服务的一种政策或制度。实际上,社会救助有广义和狭义之分。广义的社会救助是指国家和社会共同保障生活困难者的基本经济生活,强调共同救贫。狭义的社会救助仅指国家依据法令,以国家财政向贫困者提供基本生活保障。本书倾向于广义的理解,即社会救助是指社会成员由于社会变革、自然环境和个人条件等原因而处于生活困难时,由国家、社会或个人按照特定的程序与标准为他们提供一定的资金、实物或服务,使其基本生活得到保障的一种政策、制度或措施。可见,这个定义包含三层意思:一是实施救助行为的主体是国家、社会或个人;二是救助的对象是依靠自身能力无法维持基本生活的社会成员;三是救助的方式是依照特定的程序与标准提供一定的资金、实物或服务。

二 社会救助的对象

制定社会救助制度,建立社会救助体系,必须首先要明确实施救助的对象范围。按照农民收入及生活状况来划分,我国农村社会救助的对象主要包括三类人群:一是有一定的收入和生活来源,但生活水平低于国家法定最低生活标准的农民。二是五保户,主要包括生活在农村的"无劳动

[①] 洪大用:《转型时期中国社会救助》,辽宁教育出版社2004年版,第3页。
[②] 唐均:《市场经济与社会保障》,黑龙江人民出版社1995年版,第11页。

能力、无生活来源、无法定赡养、抚养、扶养义务人,或者其法定赡养、抚养、扶养义务人无赡养、抚养、扶养能力的农村老年人、残疾人或者未满16周岁的村民"。① 三是因病、因残、因灾等情况造成家庭丧失主要劳动能力,难以维持日常基本生活的农民家庭。②

农村社会救助对象的确定,通常有三种方法:一是定量方法,即依法确定一条农村贫困线,凡是低于这条贫困线的农村居民,均属于救助对象。二是定性方法,即针对不同性质、不同致贫原因的农村贫困人群,分门别类地划定救助范围。三是在定量与定性相结合的基础上,由政府根据政策要求和财政能力确定救助对象的范围。这种确定方法有不少值得商榷之处,特别是根据政府财政能力来确定救助对象的范围,问题就更大。一般情况下,不采取这种方法,但在政府财政极其薄弱的地区和农村社会救助体系建立之初,有个别地方采取这种确定方法,也是可以理解的。

虽然总体来说农村社会救助的对象是农村困难人群,但不同的救助制度具有不同的功能定位,其目标人群也不一样。因此,在确定救助对象时,应坚持"分类救助"的原则,针对不同类型的救助对象实行相应的救助政策。农村最低生活保障制度是为了满足农村贫困群体的基本生活需求,故应该将符合救助条件的所有人员都及时纳入救助范围。五保、医疗、教育等专项救助,是针对农村困难人员存在的特殊需要而制定的制度措施,在确定救助对象的过程中既要考虑其家庭收入状况,又要重点考虑他们在医疗、教育等方面的困难程度,以提高农村社会救助的实施成效;同时还要防止将救助资源过于集中在少数救助对象身上,避免产生"救助依赖"现象。

三 社会救助与相关概念辨析

(一)社会救助与社会救济

在现代社会救助制度实施以前,西方国家普遍使用"社会救济"一词,我国则长期把安贫救济的各种措施统称为"社会救济",因此,大多数人对"社会救助"这个词还比较陌生,人们通常将社会救助视为社会

---

① 《农村五保供养工作条例》,《农村财务会计》2006年第3期。
② 廖益光主编:《社会救助概论》,北京大学出版社2009年版,第4—5页。

救济的一种说法而已。① 事实上，社会救助虽然源自传统的社会救济，但除了具有历史上"济民"政策由政府负责实施、面对生活困难群体和无偿提供援助等基本特征之外，在许多方面已经有了较大的变化，主要表现在：

（1）实施理念不同。社会救济与人的生存需要相联系；而社会救助不仅保障人的生存需要，还要适当考虑人的发展需要，是对社会困难人群的全面、综合性的帮助。

（2）实施内容不同。社会救助比社会救济的内容更广泛，不仅包括衣、食、住等基本生存条件上的帮助，还包括教育、就业和健康等方面的内容。

（3）性质与作用不同。历史上的社会救济通常是消极性的、施舍性的和随意性的济贫措施，是统治者为了维护其统治秩序而实施的一种"仁政"；现代社会救助则是积极性的、以救助对象为本的一项制度安排。国家实施社会救助不仅具有维护社会秩序的作用，而且更是为了消灭贫困，促进社会进步。②

（二）社会救助与社会保险

社会救助与社会保险是相辅相成、互相补充的，二者都是社会保障制度的主要组成部分；但社会救助比社会保险的发展历史更悠久，其间的区别也是比较明显的。③ 通常来说，社会保险是："以劳动者为保障对象，以劳动者的年老、疾病、伤残、失业、死亡等特殊事件为保障内容的一种生活保障政策，它强调的是受保障者的权利与义务相结合，采取的是受益者与雇佣单位等共同供款和强制实施的方式，目的是解除劳动者的后顾之忧，维护社会的安定。"④ 由此可以看出，社会保险的实施对象是具有工作能力、拥有工作收入并缴纳一定保险费用的人群，其体现的是"风险分担、互助互济"原则。社会救助有别于社会保险主要体现在，受助者无须缴纳费用，享有受助权利而无附加性的义务；经费来源主要渠道是政府财政拨付、社会团体及个人的捐赠。江亮演用表格的形式对社会救助与

---

① 陈成文、胡书芝等著：《社会救助与建设和谐社会》，湖南师范大学出版社2007年版，第8页。
② 何平：《社会保障权研究》，博士学位论文，湖南大学，2010年，第26页。
③ 同上。
④ 邹海贵：《社会救助制度的伦理考量》，博士学位论文，中南大学，2010年，第25页。

社会保险进行了多维度比较（见表1-1）。

表1-1　　　　　　　　社会救助与社会保险的区别①

	社会救助	社会保险
条件	必须被保护者依申请而受保护	依法强制加入保险
对象	一般贫困国民	劳动者为中心
费用	免费，全部公费	需缴纳保险费
给付水准	保障最低生活的基准（实际需要费用）	依薪资比例或均一金额
给付期间	无期	有期或无期
给付开始	贫困事实认定后	危险事故发生时
受给资格	贫户调查属实者	保险有效期内被保险者
功能	贫困前后之救济	预防生活被破坏而陷入贫困
性质	社会力量救助需要救助者	互助为原则，共同分担危险

（三）社会救助与社会福利

在西方社会，福利主要是指幸福与美满，社会福利可以被视为社会组织运用专业技能对一些容易成为弱势群体的人给予关注、提供服务、实施帮扶等。② 在我国，社会福利有广义与狭义两种理解。广义的社会福利是指国家与社会为提高人们的物质文化生活水平，依法向人们提供的各种现金补助、公共设施和服务。狭义的社会福利通常是针对某些特定的社会人群而设立的福利性收入与服务保障，是社会保障系统中的一个主要组成部分。③ 社会救助与社会福利的保障方式大体相同，都是依法提供一定的资金、实物或服务；但二者的区别也是十分明显的，这主要可以从三方面来理解：

（1）保障主体不同。社会救助的主体是国家、社会或个人；而社会福利的保障主体是国家和目标对象所在的单位。

（2）保障对象不同。社会救助的对象是因各种原因陷入贫困而依靠

---

① 江亮演：《社会救助的理论与实务》，桂冠图书股份有限公司1990年版，第8页。

② Handel, Gerald. Social Welfare in Western Society, New York: West Publishing Company, 1992: 19.

③ 陈成文、胡书芝等著：《社会救助与建设和谐社会》，湖南师范大学出版社2007年版，第14页。

自身能力无法维持基本生活的社会成员；而社会福利的对象是法定范围内的特定人员。

（3）保障目的和功能不同。社会救助是以保障困难人员的基本生活为首要目的的，"生存性"功能是其主要功能；社会福利则是以提高人们的物质文化生活质量为基本目的的，具有"发展性"和"享受性"的功能。

综合而言，社会救助与传统的社会救济有很大区别，同时，社会救助与社会保险、社会福利也有明显的差异。社会福利是最高层次的社会保障，社会保险在社会保障体系中居于核心地位，而社会救助则是最基本的或最低层次的社会保障，是社会保障的"最后一道安全网"。

第三节 文献综述

关于农村贫困及其社会救助方面的理论研究主要分为以下三个方面：一是农村贫困的成因；二是我国现行农村社会救助政策存在的问题；三是完善农村社会救助政策的基本途径。

一 农村贫困的成因

自近代以来，中外学者从多种角度研究了贫困问题的形成原因。西方社会学理论主要包括马克思的贫困结构论、约瑟夫（K. Joseph）的剥夺循环论、刘易斯（O. Lewis）的贫困文化论、弗里德曼（M. Freedman）的个体主义贫困观、甘斯（H. Gans）的贫困功能论[1]，另外，撒列尼（I. Szelenyi）关于不平等的制度主义理论、英格尔斯（A. Inkeles）的个人现代性、布劳（P. M. Blau）的不平等和异质性理论对贫困成因或多或少也有所涉及。[2] 至于贫困成因的西方经济学理论，主要有纳克斯（R. Nurkse）的贫困恶性循环论、莱本斯坦（H. Leibonstein）的临界最小努力理论、舒尔茨（T. W. Schultz）的贫穷但有效率理论等。国内学者如费孝通认为我国农民的贫困主要是由于耕地太少。[3] 汪三贵认为，导致我国农村贫困的主要因素是地理与资源条件较差。[4] 李小云、董强、饶小龙等

---

[1] 周彬彬：《向贫困挑战：国外缓解贫困的理论与实践》，人民出版社1991年版。
[2] 孙立平：《中国新时期阶级阶层报告》，辽宁人民出版社1995年版，第508—545页。
[3] 费孝通：《乡土中国》，上海人民出版社1998年版，第4页。
[4] 汪三贵：《反贫困与政府干预》，《管理世界》1994年第3期。

则认为人力资本的缺乏是农村贫困产生的主要因素之一。① 龚振认为,贫困产生的主要原因在于思想的贫困、资金的贫困、产业的贫困、组织的贫困、人才的贫困和政策的贫困六个方面。② 刘明宇认为,农民贫困的主要原因在于制度贫困,传统的制度安排阻碍了分工的发展,交换权利没有得到有效伸张,致使农民群体缺乏自生能力,农民由于缺乏经济自由而陷入制度性贫困。③ 李秉龙、张立承、乔娟等认为,我国农村贫困具有多方面的原因,其主观原因在于思想观念落后,客观原因在于自然环境较差,直接原因是人口素质较低,经济原因在于产业结构单一,政策原因是制度供给不足,社会原因在于农民负担过重。④ 此外,国务院扶贫办认为,人口、资源、环境的失衡是导致我国农村贫困的根本原因。⑤

我国农村贫困问题的形成原因十分复杂,以上观点都有其合理性。笔者认为,当前我国农村贫困的关键因素在于社会政策供给不足,完善的农村社会救助政策可以满足贫困农民的基本生活需求以及提高其自身发展能力,这对于缓解农村贫困状况具有积极的作用。

二 农村社会救助政策存在的问题

学术界对我国农村社会救助政策所存在的各种问题进行了探讨,归纳起来主要有三个方面:第一,农村社会救助政策的发展问题;第二,农村社会救助的资金问题;第三,农村社会救助政策的运行问题。

(一) 农村社会救助政策的发展问题

我国农村社会救助政策在发展中面临着四个方面的问题:一是发展目标不统一,也不清晰。一些部门认为救助目标是满足救助对象的基本生活需求,有些部门则提出要满足精神需求和发展需求;有的部门认为应着眼于长远目标,有的部门则认为先要满足短期目标。⑥ 二是政策发展的层次较低,且整体性有待提高。⑦ 三是现有救助政策激发社会团体和个人参与

---

① 李小云、董强、饶小龙等著:《农户脆弱性分析方法及其本土化应用》,《中国农村经济》2007年第4期。
② 龚振:《贫困地区的致贫因素与脱贫战略》,《经济问题》1997年第6期。
③ 刘明宇:《贫困的制度成因》,经济管理出版社2007年版,第48—49页。
④ 李秉龙、张立承、乔娟等著:《中国农村贫困、公共财政与公共物品》,中国农业出版社2004年版,第75—86页。
⑤ 国务院扶贫办网站:《中国农村扶贫开发概要》,http://www.cpad.gov.cn/data/2006/1120/article_331600.htm。
⑥ 曹艳春:《我国城乡社会救助系统建设研究》,上海人民出版社2009年版,第192页。
⑦ 雷承佐:《社会救助政策的问题研究与思考》,《中国民政》2004年第7期。

救助的效果不明显。① 四是各地区政策发展的进程有别，有些地区形成了较为完善的制度措施，并正在探索法规整合与政策体系建设；而有的地区目前还在建立健全单项的救助制度。②

（二）农村社会救助的资金问题

我国目前农村社会救助资金非常短缺。苏明等认为，农村社会救助基本上是由地方政府实施的，缺少中央政府的财政支持，社会救助资金十分短缺。③ 高灵芝认为，农村税费改革后乡镇财政大幅度减少，仅仅依靠县级财政拨付的有限资金无法保证为所有农村贫困户提供救助，导致少数地方对贫困户的救助因经费短缺而陷入停滞状态。④ 柳拯认为，当前救助资金配置不合理，重城市、轻农村的现象比较突出，且社会保险投入较多，社会救助投入偏少。⑤ 陆迁认为，农村低保资金缺乏的原因在于，一是在地方财政救助拨款没有形成制度化的情况下，救助经费存在严重拖欠现象；二是农民收入增长缓慢，政府规定不能向农民筹集资金；三是救助资金管理制度不完善，加剧了救助资金的缺乏程度。⑥ 崔秀荣认为，绝大多数农村集体经济薄弱，用于社会救助的资金非常有限。⑦

由于救助资金短缺，使得农村社会救助范围狭窄，救助水平较低，救助的实际对象不是全体贫困农民，而仅是其中的部分人员，进而导致农村救助政策发展迟缓，农村救助工作成效不够明显。

（三）农村社会救助政策的运行问题

农村社会救助的组织体系较为混乱。一是存在多头管理的问题，如低保、五保供养、灾害救助由民政部负责，扶贫开发由扶贫办负责，其他救助项目如教育救助、住房救助、法律援助等，则由不同的部门进行管理。二是部门分割的局面致使社会救助缺乏应有的联动机制，在很大程度上影响了社会救助整体作用的发挥。三是因为不能合理区分基本生活救助与其他专项救助，在实际工作中，往往将各种救助项目捆绑在一起，由此造成

---

① 同上。
② 柳拯：《关于构建农村社会救助体系的思考》，《社会福利》2004年第7期。
③ 苏明、杨良初、张阳：《完善我国农村社会救助制度的思考》，《地方财政研究》2007年第6期。
④ 高灵芝：《试论农村社会保障制度的框架建设》，《山东社会科学》2003年第4期。
⑤ 柳拯：《当代中国社会救助政策与实务研究》，中国社会出版社2005年版。
⑥ 陆迁：《建立农村最低生活保障制度的几个问题》，《乡镇经济》2003年第7期。
⑦ 崔秀荣：《构建贫困地区农村社会救助制度的理性思考》，《农村经济》2007年第12期。

一些亟须获得专项救助的困难人员没有得到救助。①

农村社会救助工作开展缺少必要的条件。一是农村基层救助工作力量亟须加强。目前通常是一个县级民政部门就有1名专职或兼职工作人员，而且90%以上的工作人员没有经过专业学习和业务培训，对社会救助的基本理论、政策法规、工作方法不熟悉。② 二是信息化程度、工作机构、人员编制、工作待遇等方面都存在问题。③ 三是农村社会救助总体运行能力不足，包括决策能力、执行能力和监管能力。④ 四是救助资源的开发与利用不够；同时，对社会救助缺乏预警机制和长效的组织运作机制。⑤

农村社会救助工作的制度化、规范化不够。崔秀荣认为，我国农村社会救助在很长时期内处于一种无法可依、无章可循的状态，由此导致在农村社会救助的实践中明显存在确定救助对象与救助标准的随意性、缺乏一套规范的操作程序、"多龙治水"的管理格局等问题。⑥ 娜仁图雅、孙晶认为，目前我国社会救助立法的权力长期由行政机关行使，并大多以"规定"、"试行"、"暂行"、"方案"、"意见"和"通知"等形式出现，社会救助立法层次低，规范性不强。⑦ 苏明等认为，社会救助的实施主体、对象、标准、条件和资金等方面都缺乏有效规范，尚未形成完备的社会救助法律体系，这使得救助工作在很大程度上取决于地方政府领导个人的认知程度，容易出现不规范、随意性大等弊端。这不利于维护社会公平和提高资金的使用效率，也不利于发挥社会保障稳定机制和效率优先机制。⑧

应该看到，我国农村社会救助所存在的以上三大方面的问题是相互影响、相互联系的。由于农村社会救助政策措施没有提升到法律法规层次，造成对农村社会救助主体的约束力不强，进而容易产生救助资金来源不稳

---

① 洪大用：《转型时期中国社会救助》，辽宁教育出版社2004年版，第26页。
② 成志刚、公衍勇：《我国农村贫困救助制度：反思与重构》，《湘潭大学学报》（哲学社会科学版）2009年第6期。
③ 莫汀：《完善中国农村社会救助制度浅析》，《四川社会保障》2011年第6期。
④ 柳拯：《当代中国社会救助政策与实务研究》，中国社会出版社2005年版。
⑤ 余知鹏：《按社会保障目标建立农村社会救助体系》，《社会福利》2003年第4期。
⑥ 崔秀荣：《构建贫困地区农村社会救助制度的理性思考》，《农村经济》2007年第12期。
⑦ 娜仁图雅、孙晶：《完善我国农村社会救助制度的思考》，《内蒙古财经学院学报》2009年第5期。
⑧ 苏明、杨良初、张阳：《完善我国农村社会救助制度的思考》，《地方财政研究》2007年第6期。

定、组织管理和政策运行不规范等诸多问题。

三 完善农村社会救助政策的基本途径

在完善农村社会救助政策的过程中，应掌握三项基本原则：其一，与城市救助体系建设接轨原则。当前，大多数省、市、自治区以低保、教育、住房、医疗、就业等为主要内容的城市救助体系基本框架已经建立，因此要做好与城市救助体系建设的衔接工作，真正构建起城乡一体化的社会救助体系。其二，社会性原则。无论是社会救助体系建设的主体，还是救助资源的筹措以及实际救助工作的开展都要依靠政府、社会组织和个人的共同参与。其三，因地制宜原则。各地由于在经济实力、社会发展水平、文化特点和工作基础方面存在差异，在救助内容、救助方式、救助标准、救助管理等方面会呈现出不同的特点。在实际工作中，要全面考虑这些因素，因地制宜，稳步推进。[1]

政府承担主要的救助责任并鼓励民间力量积极参与。华黎认为，政府在农村社会救助工作中要发挥主导作用；对于贫困地区，中央政府、省级政府在建立健全农村社会救助政策方面的职责更为突出。[2] 金雁认为，提供公共交通、免费教育、医疗保障、社会养老是政府应尽的职责。[3] 关信平认为，当前和今后一段时期都必须由政府来承担基本的社会救助责任，中央和地方政府都应在切实履行好自己责任的基础上再广泛动员社会各方的参与。[4] 秦晖认为，要靠以开明的态度鼓励乡村社会各种民间组织的发展，以民间组织的合作、互助保障弥补政府保障之不足。[5] 蒯小明认为，社会救助是国家一项不可推卸的责任，也是公民享有的一项基本权利，国家应当采取合理的方式来承担实施社会救助的责任；应该根据国家行政管理体制的运行状况，建立合理而有效的社会救助组织体系。[6]

建立完善的农村社会救助政策，法制建设居于举足轻重的地位。要根

---

[1] 陈成文、许一波：《从构建和谐社会看建立新型农村社会救助体系》，《湖南师范大学社会科学学报》2006年第1期。

[2] 华黎：《论政府在农村社会救助制度建设中的作用》，《生产力研究》2008年第13期。

[3] 金雁：《从"东欧"到"新东欧"：20年转轨再回首》，北京大学出版社2011年版，第69页。

[4] 关信平：《论我国农村社会救助制度的目标、原则及模式选择》，《华东师范大学学报》（哲学社会科学版）2006年第6期。

[5] 秦晖：《中国农村土地制度与农民权利保障》，《探索与争鸣》2002年第7期。

[6] 蒯小明：《我国农村社会救助发展中的国家责任研究》，博士学位论文，首都经济贸易大学，2007年，第147页。

据各地的具体情况,尽快完善农村社会救助政策,为规范农村社会救助行为提供良好的法制基础。① 完备的农村社会救助法律体系应由农村社会救助的基本法规和具体救助项目的专项法规构成,其中,基本法规应由全国人大审批通过,便于在全国范围内建立统一的基本框架;而专项法规则可以由各省、市、区结合本地的实际情况来制定,并经省级人大审批通过。②

在立法基础上,对各项救助制度与措施进行整合也是推进我国农村社会救助政策不断发展的重要途径。"应以面向全民的最低生活保障制度为基础,努力在救助内容上做到普遍性救助与专项救助相结合、现金救助与服务救助相结合,在救助方式上做到常规救助与临时救助相结合,在救助管理上做到部门主导与部门联动相结合,在救助主体上做到政府负责与社会互助相结合"。③

提高农民收入是开展农村社会救助的重要内容,而有组织地进行劳务输出是提高农民收入的有效方式。政府除了要保证公民的最低收入标准外,还要为他们提供均等的就业机会。④ 但当前贫困农民的文化教育程度较低,这大大影响了贫困地区劳务输出规模的扩大和务工层次的提高,因此,迫切需要加强对农民进行文化教育和专业技能培训,为贫困农民提高收入开拓新的途径。同时,要认真落实各种有关政策,切实维护农民工的合法权益,为贫困地区劳动力的转移创造良好的条件。⑤

综观目前关于农村社会救助的研究成果,取得的成绩十分值得肯定,为进一步研究打下了良好的基础。但从总体上来看,其中还存在一些不足之处,主要是:第一,对贫困问题与社会救助政策相结合的研究程度不够。尽管贫困与社会救助政策分别隶属于不同的领域,但在转型期的时代背景下,贫困与社会救助政策是紧密相关的。第二,对农村社会救助的定性研究偏多,而定量与定性相结合的研究较少。第三,对非政府组织如何

---

① 谢军:《论建立新型农村社会救助制度的意义和措施》,《经济师》2006 年第 11 期。
② 朱德云、张莹:《对完善我国农村贫困群体救助制度的思考》,《山东经济》2006 年第 5 期。
③ 洪大用:《完善社会救助,构建和谐社会》,《东岳论丛》2006 年第 5 期。
④ See Harold L. Wilensky and Charles N. Lebeaux, *Industrial Society and Social Welfare*, New York: Free Press, 1965, p. 69.
⑤ 仲岩:《论农村社会救助工作面临的问题及发展策略》,《江汉大学学报》(社会科学版) 2006 年第 1 期。

有效参与农村社会救助的探讨有待深入。第四，对农村社会救助政策在长期内如何始终保持良性发展方面的研究还不够丰富。本书正是在充分尊重和借鉴前人研究成果的基础上展开的。

第四节 研究方法与资料说明

一 研究方法

本书在实地调查与文献解读的基础上，坚持历史分析与逻辑演绎相结合、实证分析与规范分析相结合、定性分析与定量分析相结合、共性分析与个性分析相结合、静态分析与动态分析相结合的研究方法，通过比较严密的理论—实证—对策逻辑架构，既运用社会学的一些实地调查方法，又采用经济学的分析方式来分析相关数据，以期对我国转型期的农村社会救助问题作一系统研究。

（一）历史分析与逻辑演绎相结合

在研究我国农村社会救助政策历史演进的过程中，对农村社会救助政策的各个救助项目的逻辑发展概况进行梳理，并分析农村社会救助的目标、经验和模式等要素，以探求我国农村社会救助政策运行发展的基本规律。然后以此为基础，通过考察、分析与总结，最后形成对我国农村社会救助问题的整体性认识。

（二）实证分析与规范分析相结合

实证分析与规范分析相互联系、相辅相成，实证分析为规范分析提供事实支撑，规范分析为实证分析提供理论依据。对农村社会救助问题的研究，实证分析要回答"贫困的具体状况如何"、"救助取得了哪些成效"，而规范分析要回答"怎样确定社会救助标准"[①]、"采取哪些救助政策措施"。本文采用实证分析与规范分析相结合的方法，旨在通过对选定区域的农村贫困县、贫困户和历史资料进行实证分析，根据农村贫困的现状，

---

① 社会救助标准，即国家规定必须达到的社会救助水平，亦即国家通过社会救助保障救助对象必须达到的最低生活水平。一个国家的社会救助水平，通常由救助对象的范围大小和救助待遇的高低来表示，救助对象的范围取决于居民生活贫困线，救助待遇的高低取决于居民最低生活保障线。因而，社会救助标准在广义上包括救助对象标准和救助待遇标准，在狭义上仅指救助待遇标准。本书中所称的社会救助标准仅限于狭义上的社会救助标准。

提出完善农村社会救助的对策与建议。

（三）定性分析与定量分析相结合

农村社会救助工作作为一个有机系统，既有质的规定，又有量的表现。所以研究农村社会救助问题不仅要分析它的质，还要分析它的量。定量分析与定性分析相互联系、相互补充。定性分析是定量分析的基本前提，而定量分析必须立足于大量按质的规定性进行归类的资料统计与分析，才能正确揭示农村社会救助工作的内在联系和发展规律。因为定量分析与定性分析各具特点，定量分析体现精确性，但难以反映事物的发展特征与方向，且有时不易进行精确描述。以定性分析来指导定量分析，用定量分析来支撑定性分析，二者取长补短、相得益彰，以正确把握农村社会救助的发展状况与特点，为建立完善的农村社会救助政策提供事实支持和理论依据。

（四）共性分析与个性分析相结合

与其他事物一样，农村社会救助政策也有共性和个性，其共性即农村社会救助政策的矛盾普遍性，个性即不同救助项目的特殊性。农村社会救助政策有其共同特征，发展也具有一般规律。这就要求采取抽象的方法，也就是从具体到一般的分析方法，来研究农村社会救助政策的共有特征以及政策发展的一般规律。同时，农村社会救助政策的各个项目又具有自身的特殊性，由于社会、经济和自然环境等条件存在差异，其各自的特征与运行也有所不同。所以，应根据不同救助项目的特点，具体分析其个体特征和运行发展的特殊性，并相应采取有针对性的具体措施，以确保各项救助政策发展的可持续性。

（五）静态分析与动态分析相结合

研究农村贫困与社会救助问题要对其发展现状、水平、特点和存在的问题作出客观分析，以把握其发展状况及全貌，这就需要进行静态分析。另外，农村社会救助问题始终是发展变化的，如果只停留在静态分析的层面上，就无法揭示社会救助变化发展的内在规律性，因此要系统分析农村社会救助的外部环境条件和内在制约因素，以准确把握其发展速度、方向与趋势，进而提出相应的策略与措施，这就需要进行动态分析。因此，必须将静态分析与动态分析结合起来才能获取有价值的研究成果。

二　资料说明

本书以安徽省合肥市农村地区为研究案例。

合肥市是安徽省省会，现辖庐阳、瑶海、蜀山、包河4个区，巢湖、肥东、肥西、长丰、庐江5个县（市），拥有常住人口752万人，其中农村人口266万人。① 本书之所以选择合肥市农村地区为研究案例，除了考虑研究的可行性之外，更重要的原因是合肥市的经济发展位于全国中等水平，各级地方政府的财政能力有限，因此，在开展农村社会救助的实践中所呈现的问题也具有较强的代表性，研究内容对于国内其他地区更好地推动农村社会救助工作具有一定的参考作用。

基于研究需要，笔者收集的资料主要包括四个方面：一是国家民政部、统计局等部门发布的相关统计数据与政策文件；二是合肥市农村社会救助的相关政策文件共计32份，其内容涉及低保政策和专项救助的具体实施情况等；三是合肥市农村社会救助的统计资料共计26份，其内容包括合肥市近年来接受农村低保救助人数和标准、其他救助项目的有关数据和省内调研报告等；四是调查问卷及访谈资料。在合肥市下辖4个区和5个县（市）中抽取2个区和3个县的460位生活困难农民作为调查对象，对其进行了问卷调查与个案访谈。同时，对合肥市民政局，肥东县、长丰县和瑶海区民政局，部分乡镇政府的公务员（包括民政工作者），以及一些村（社区）委员会书记和主任共计22人进行了一般性访谈。选择政府公务员的方式是以其工作职责为依据。

第五节 研究思路与主要新意

一 研究思路

本书的研究思路是：首先，对马克思主义社会救助观进行深入挖掘，并在实地个案调研的基础上，分析总结我国农村的贫困现状、特征及其原因，为下一步研究做好铺垫。其次，就我国现行农村社会救助的五项具体制度的发展实践状况进行简要回顾与辩证评析，并提出相应的改进措施。再次，对我国非政府组织介入农村社会救助的优势、模式和存在的主要问题进行分析与探讨，进而提出非政府组织有效参与农村社会救助的基本构

---

① 合肥市政府网站：《合肥概况》，http://www.hefei.gov.cn/n1070/n304590/n308986/n774343/1650188.html。

想。最后，在上述研究的基础上，从农村社会救助政策的整体角度，分析其发展的有利因素和面临的困境，并提出政策完善的目标要求、基本原则和对策建议。

二 主要新意

本书的新意主要有如下几个方面：

（1）对我国转型期的农村贫困与社会救助问题结合起来加以考量。改革开放以来是社会主义发展进程中一个特殊的历史时期，社会矛盾十分复杂，这一时期的农村社会救助也是一个非常复杂的过程，对转型期的农村贫困与社会救助进行对接研究难度较大，也是一个较为新颖的研究视角。

（2）运用实证分析与规范分析相结合、定量分析与定性分析相结合等方法，对选定区域的农村贫困县和贫困户，展开以问卷、访谈为主要形式的实地考察，以获取第一手实证资料；并结合收集到的相关政策文件与统计数据，对农村贫困现状和社会救助情况进行详细分析。

（3）突破当前对农村社会救助问题零散的、偏重于某一方面的研究局限，将农村社会救助政策放在国家社会发展大局、坚持统筹城乡发展的历史背景中，既根据农村社会救助各项政策制度的个体特征，分别对其运行效应进行客观评析，并提出相应的改进措施，又从整体性的角度系统分析我国农村社会救助政策发展面临的有利因素与困境，提出完善农村社会救助政策的具体对策与建议。

第二章 社会救助的理论基础与农村贫困现状

社会救助是人类社会的伟大发明，现代社会救助政策的制定、发展与完善是人类文明和社会进步的重要标志。任何社会政策，都是以保证人类生存、发展为根本目标，而社会救助政策的形成与发展，正是这一本质目标的真实体现。社会救助政策的建立有其理论与实践的深层次原因，研究农村社会救助政策的起点是探寻农村社会救助的理论根源、梳理与分析农村贫困的现状及其成因。

第一节 社会救助的理论基础

通过系统探析马克思主义经典作家的社会救助观，以及十六大以来我们党和政府关于社会救助指导思想与政策举措的最新发展，正确把握社会主义社会救助理论及其中国化探索成果，为本书进一步研究提供良好的理论基础。

一 马克思恩格斯的社会救助观

马克思主义创始人的社会救助观，主要包括社会救助的功能、社会救助的对象、社会救助的基金和社会救助的实质四个方面内容。

（一）社会救助的功能

满足人的生存需要。马克思指出："在现实世界中，个人有许多需要"[1]，"他们的需要即他们的本性"。[2] 也就是说，人的需要是人的固有本性，而需要的内容又是丰富的、多层次的。恩格斯曾从哲学的高度，把

---

[1] 《马克思恩格斯全集》第3卷，人民出版社1982年版，第326页。
[2] 《马克思恩格斯全集》第42卷，人民出版社1979年版，第24页。

人的需要分为生存需要、发展需要和享受需要三个不同的层次，其中生存需要是人的最基本需要①，并强调"一切人类生存的第一个前提，也就是一切历史的第一个前提，这个前提就是，人们为了能够'创造历史'，必须能够生活"。②国家应保障所有的人"都有生活资料，并且负责照管丧失劳动力的人"。③"为丧失劳动能力的人等设立的基金，总之，就是现在属于所谓官办济贫事业的部分"。④在马克思恩格斯看来，在人的多方面需要中，生存是人的第一需要，而人为了维持自身的生存，必须具备基本的生活条件。因此，国家应通过采取社会救助的方式来保障人的基本生活，以满足人的生存需要。

维护社会再生产的正常运行。马克思恩格斯将物质资料再生产和劳动力再生产作为社会再生产的两个必备条件，并通过分析人类历史发展的一般规律，深刻揭示出社会救助对于社会再生产的重要作用。恩格斯在《家庭、私有制和国家的起源》中写道："根据唯物主义观点，历史中的决定因素，归根结底是直接生活的生产和再生产。但是，生产本身又有两种。一方面是生活资料即食物、衣服、住房以及为此所必需的工具的生产；另一方面是人类自身的生产，即种的繁衍。一定历史时代和一定地区内的人们生活于其下的社会制度，受着两种生产的制约：一方面受劳动的发展阶段的制约，另一方面受家庭的发展阶段的制约。"⑤其中生活资料的再生产是人类的生存与发展的前提条件和物质基础，并深刻影响着劳动力的再生产。由于资本主义社会化大生产给广大劳动者带来的生产生活风险明显增加，劳动者个人及其家庭面临的生活压力日益增大，很容易因各种原因陷入贫困境地，进而影响到劳动力自身的再生产。为了适应社会经济发展的要求，保证劳动力扩大再生产，应采用社会救助的方式来缓解劳动者面临的生活压力。

实现社会分配公平的价值取向。马克思指出："生产者的权利是同他们提供的劳动成比例的，平等在于以同一尺度——劳动——来计算。"⑥

---

① 王贤斌：《马克思恩格斯民生观的逻辑结构》，《理论探索》2011年第1期。
② 《马克思恩格斯选集》第1卷，人民出版社1995年版，第79页。
③ 《马克思恩格斯全集》第5卷，人民出版社1972年版，第4页。
④ 《马克思恩格斯选集》第3卷，人民出版社1995年版，第303页。
⑤ 《马克思恩格斯全集》第21卷，人民出版社1972年版，第30页。
⑥ 《马克思恩格斯全集》第19卷，人民出版社1972年版，第21页。

此处的"平等"是指"公平"的意思,而"公平"的衡量标准是"劳动",符合这一尺度的分配方式才是公平的。① 为了实现社会产品分配公平的价值取向,马克思认为,在对社会总产品进行分配时,应当扣除部分基金用来应对不幸事故、自然灾害等,满足劳动者的基本生活需求。在以生产资料公有制为主要特征的社会主义国家里,要更加重视对劳动产品分配的公平性,一方面,引导与激励有劳动能力的社会成员积极参与劳动,通过劳动来满足自身的生活需要;另一方面,对于那些没有劳动能力、生活困难的人员,应根据他们在过去或将来为社会发展所从事劳动的多少和贡献大小,有区别性地进行社会救助,以维护社会分配公平的价值取向。在坚持分配公平性的同时,还要通过大力发展社会生产力,提高社会产品总量,因为"分配方式本质上取决于可分配的产品有多少,而产品的多少当然随着生产和社会组织的进步而改变,从而分配方式也应当改变"。②

（二）社会救助的对象

马克思恩格斯认为,在资本主义社会里,由于广大劳动者处于绝对的弱势地位,资本家的残酷盘剥使得他们的基本生活难以维持,并日益陷入需要救助的赤贫境地。他们通过对当时英格兰社会现实的具体考察,详细分析了社会救助对象的三种类型,即"第一类是有劳动能力的人……他们的人数每当危机发生时就增大,每当营业复苏时就减少。第二类是孤儿和需要救济的贫民的子女。第三类是衰败的、流落街头的、没有劳动能力的人。如残疾者、病人、寡妇,等等"。③ 在马克思恩格斯看来,处于社会"最底层"的劳动者及弱势群体是社会救助的主要对象,"既包括间歇性失业者和丧失劳动能力的人,也包括孤儿、贫苦儿童、乞讨者等社会赤贫对象,还包括因劳动风险导致的伤残、死亡者及其家庭";④ 并且随着资本主义社会生产的不断发展,资本家对劳动者的剥削日益加剧,社会贫富差距日趋扩大,全体劳动者都会成为需要救助与保障的对象。

（三）社会救助的基金

建立社会救助基金的重要性。马克思从社会总产品分配的角度阐述了

---

① 梅哲:《马克思恩格斯的社会保障思想研究》,《马克思主义研究》2005年第6期。
② 《马克思恩格斯全集》第37卷,人民出版社1978年版,第432页。
③ 《马克思恩格斯全集》第23卷,人民出版社1972年版,第706页。
④ 王群:《中国特色社会保障理论与实践问题探索》,博士学位论文,吉林大学,2010年,第14页。

建立社会救助基金的重要性。他指出："如果我们把'劳动所得'这个用语首先理解为劳动的产品，那么集体的劳动所得就是社会总产品。现在从它里面应该扣除……用来应付不幸事故、自然灾害等的后备基金"①，这部分基金"甚至在资本主义生产方式消灭之后也是必须继续存在的一部分"。② 可见，马克思认为，在集体劳动创造的总价值中必须扣除一定的后备基金，以应对在社会生产中出现的各种风险和灾难事故，而且这部分基金是一切社会生产方式都必须具备的。恩格斯在《反杜林论》中也对此作了相应的论述，即"劳动产品超出维持费用而形成的剩余，以及生产基金与后备基金从这种形式积累，过去和现在都是一切社会的、政治的、智力的继续发展的基础"。③ 在此处，恩格斯着重阐明了由劳动形成的社会后备基金是社会发展、政治安定和教育水平提高的基础性条件。总之，在马克思恩格斯看来，建立健全社会救助基金对于保障社会经济正常运行和促进社会发展具有重要的作用。

社会救助基金的来源。马克思通过对社会总产品分配情形的分析，不仅说明了建立社会救助基金的重要性，而且还详细阐述了社会救助基金的来源，总结出适用于任何社会形态的"六项扣除"。他在《哥达纲领批判》中指出："在分配之前应作三项扣除：第一，用来补偿消费掉的生产资料部分；第二，用来扩大再生产的追加部分；第三，用来应付不幸事故、自然灾害等的后备基金。"并且在进行个人消费分配之前还必须对已经扣除的社会总产品再次进行扣除："第一，和生产没有关系的一般管理费用；第二，用来满足公共需要的部分，如学校、保健设施等；第三，为丧失劳动能力的人等设立的基金。"④ 马克思认为，在对社会总产品进行初次分配之前，需扣除一定的后备基金，以充当发生不幸事故、自然灾害等情况时的救助基金；同时，在进行再分配之前，也应扣除部分基金，用作"为丧失劳动能力的人等"的救助基金，以满足社会弱势群体的基本生活需求。

（四）社会救助的实质

马克思恩格斯认为，资本主义的发展动力源于资本家对剩余价值最大

---

① 《马克思恩格斯全集》第 19 卷，人民出版社 1972 年版，第 19 页。
② 《马克思恩格斯全集》第 20 卷，人民出版社 1971 年版，第 221 页。
③ 《马克思恩格斯全集》第 25 卷，人民出版社 1975 年版，第 925 页。
④ 《马克思恩格斯全集》第 19 卷，人民出版社 1972 年版，第 19 页。

化的疯狂追逐，资本家对处于赤贫状态的贫民进行救助，只是资产阶级用来缓解劳资矛盾的工具，其目的是为了维持劳动力的再生产和资本主义的政治统治，是不得以才采取的看似慈善的做法。正如马克思所言："只要资本的力量还薄弱，它本身就还要在以往或随着资本的出现而正在消逝的生产方式中寻求拐杖……当资本开始感到并且意识到自身成为发展的限制时，它就在这样一些武器中寻找避难所，这些形式看来使资本的统治完成。"因此，资本主义社会所采取的救助行为只是在资本家感到力量薄弱时利用的一个工具，是资本家使用的维持资本生产的一项临时性"拐杖"，同时也是劳动者通过斗争取得的成果，"而一旦资本感到自己已强大起来，它就抛开这种拐杖，按它自己的规律运动"。① 可见，在资本主义制度条件下，社会救助的实质是为了维持资本主义的政治统治，是为资本主义生产发展创造有利条件的。

二　列宁的社会救助观

列宁在领导苏维埃俄国进行社会主义建设的实践中，继承和发展了马克思主义创始人的社会救助观，对社会主义国家建立社会救助政策进行了积极探索。列宁的社会救助观主要包含以下几个方面。

（一）社会救助的首要任务是满足群众的基本生活要求

十月革命胜利后，由于俄国经受了国内战争与帝国主义战争的严重破坏，而且俄国本身的资本主义经济并不发达，国家经济社会状况极为困难。在广大农村地区发生了大面积的旱灾和饥荒现象，救济饥民成为当时的紧迫任务。鉴于苏维埃俄国面临的严峻形势，列宁明确指出："在一个经济遭到破坏的国家里，第一个任务就是拯救劳动者……如果他们能够活下去，我们就能成就一切，恢复一切。"② "在社会保障方面，俄共不仅对战争及自然灾害的受害者，而且对那些因不正常的社会关系而遭受损害的人们，都要组织广泛的国家救济"。③ 在列宁看来，国家应通过实施社会救助的措施来满足饥民和困难群众的基本生活需求，这是在特定历史条件下社会主义国家的首要任务。

（二）社会救助的基本原则是坚持分配的公平性

列宁继承了马克思恩格斯关于社会分配公平的价值取向和社会总产品

---

① 《马克思恩格斯全集》第46卷下册，人民出版社1979年版，第160页。
② 《列宁全集》第36卷，人民出版社1985年版，第347页。
③ 同上书，第423页。

"六项扣除"理论，并进而指出："社会主义实行按劳分配，使人们在劳动面前获得了平等的权利，但这一权利和其他权利一样，是以不平等为前提的。因为各个人的情况不同，所以在共产主义第一阶段还不能做到公平与平等，富裕的程度还会不同。而不同就是不公平。"① 为了维护社会分配的公平性，列宁提出从国家经费中"拿出一部分作为管理费以及学校、医院、养老院等的基金"。② 这也体现了社会主义分配的基本原则，而且需要注意的是，在共产主义社会建立之前，国家应当注重社会成员参加劳动的平等权以及对社会产品进行分配的公平性，并且要对劳动的具体标准和分配方式实行严格的监督。

（三）发展社会救助事业需要提高生产力水平

列宁认为，保障并不断改善人们的基本生活状况，是社会主义国家最基本的职责，但人们的生活状况取决于社会生产力的发展水平以及社会产品的丰富程度。针对考茨基不顾当时的客观实际情况而指责新生的苏维埃政权没有显著改善人们的生活状况，列宁指出，由于俄国的经济发展水平低下，加上经历了四年的战争和国内外资产阶级的蓄意破坏，人们的生活水平无法在短期内迅速提高，这种无视现实的指责其实同反革命分子"没有丝毫差别，连一点差别的影子也没有。他们用'社会主义'做招牌的甜言蜜语，不过是重复俄国科尔尼洛夫分子、都托夫分子和克拉斯诺夫分子露骨地、直截了当地、毫不掩饰地说出来的话罢了"。③ 在列宁看来，在经济落后国家里，社会救助事业的发展与人民生活水平的提高是由生产发展和社会财富逐步积累来决定的，而不能一味地幻想社会主义政权刚成立就能实现完善的社会救助。

（四）采取灵活多样的方式筹集社会救助资源

根据社会救助的具体内容采取相应的救助资源筹集方式，是列宁社会救助观的重要方面之一。苏维埃政权成立后，布尔什维克党规定社会救助所需的资金应从累进的所得税、财产税及遗产税中加以适当提取，而在这些税收项目实施之前则由国家向雇主临时收取专项救助资金。这种临时收取救助资金的方式后来被沿用了下来。1921年，国家在制定社会救助制度时，又广泛动员和开展了农民互助活动。在筹集自然灾害救助资源方

---

① 《列宁选集》第3卷，人民出版社1995年版，第251页。
② 同上书，第249页。
③ 同上书，第252页。

面，列宁的灵活思想表现得尤为明显。面对当时的严重饥荒，列宁提出应当主动利用一切力量来帮助俄国人民解决基本生活问题。同年8月，列宁发表的《告国际无产阶级书》倡导国际工人阶级积极参与对俄国饥民的救助活动。而意义更为重大的是，国际无产阶级对苏俄饥民的热心关注和各种救助，极大地激发了本国人民的救助热情，经济条件相对较好的群众纷纷向贫困农民伸出援助之手。通过各方的大力援助，饥荒农民克服了严重的生活困难。列宁关于通过灵活多样的方式来筹集社会救助资源以保障农民基本生活的观点，对于社会主义救助制度的发展具有重要的作用。

列宁对社会主义救助方面的探索，给我们提供了宝贵的财富。但值得注意的是，在当时的历史条件下，列宁的有些观点与措施缺乏必要的实现条件，或超越了当时的实际状况。我们在探讨列宁的社会救助观时，一定要紧密结合当时特定的具体环境，既要注意其与一般资产阶级社会救助观的本质区别，也不要夸大其中某些方面的实际意义。列宁对于社会救助的认识与实践毕竟是处于社会主义救助观的初始形成阶段，其中包含的基本立场、观点和方法应当加以继承与发展，而就一些具体认识，要根据实际情况来处理，不能盲目照搬。

三　中国特色的社会救助观

以毛泽东、邓小平、江泽民为核心的党的三代中央领导集体和以胡锦涛为总书记的党中央，秉承了马克思主义经典作家关于社会救助的一般性认识，在领导中国人民进行革命和社会主义建设的历史进程中，对社会救助的基本目的、基本原则和基本内容进行了积极探索。

（一）毛泽东的社会救助观

土地革命战争时期，毛泽东在分析人民军队面对极端困苦的战争形势而能够得到较好发展的原因时认为，优待红军家属是红军不断发展壮大的一项根本工作。到了抗日战争时期，毛泽东进而把社会救助和抗日救国紧密相连，将改善劳动者生活待遇、救济失业、赈济灾荒等社会救助问题列入抗日救国的十大纲领，并明确指出："一切空话都是无用的，必须给人民以看得见的物质福利。为了革命，为了抗战，我们第一个方面的工作，就是组织人民、领导人民、帮助人民发展生产，增加他们的物质福利……这是我们党的根本路线，根本政策。"[①] 他认为，在革命时期进行社会救

---

① 《毛泽东文集》第二卷，人民出版社1993年版，第467页。

助的目的，首先是要满足人民群众的基本物质生活需求，切实保障群众的生活与生产发展，只有这样中国共产党领导的革命才能取得胜利。1947年12月，毛泽东在《目前的形势和我们的任务》中强调："新民主主义国民经济的指导方针，必须紧紧追随着发展生产、繁荣经济、公私兼顾、劳资两利这个总目标。一切离开这个总目标的方针、政策、方法，都是错误的。"① 由此可以看出，毛泽东坚持将人民群众的利益作为其认识基础，这些关于社会救助的观点被认为是中国革命战争时期社会救助理论的重要内容。

新中国成立后，毛泽东把满足人民最基本的生活需要，也就是社会救助最低层次的生活保障问题，同稳定人民当家作主的政权紧密联系在一起。由于新中国成立前的长期战乱，新中国成立初期的国民经济面临崩溃，人民群众的生活水平十分低下。1949年11月，在毛泽东的领导下内务部召开会议，提出"节约救灾，生产自救，群众互助，以工代赈"的救灾工作方针。1950年4月，中央人民政府组织召开中国人民救济代表会议，会议讨论制定社会救济制度，同时提出了"在政府领导下，以人民自救自助为基础开展人民大众的救济福利事业"的基本救济原则。在1950年6月召开的中共七届三中全会上，毛泽东作了题为《为争取国家财政经济状况的基本好转而斗争》的报告，报告将"必须继续认真地进行对于灾民的救济工作"② 确定为实现国家财政经济状况根本好转而必须完成的八项任务之一。1953年7月，内务部设立救济司，负责管理农村救灾和社会救济工作。全国各级政府也积极响应，设立了专门管理社会救济的职能机构，救灾救济工作随之在全国范围内开展起来。1954年，毛泽东领导制定我国第一部《宪法》明确规定："中华人民共和国公民有劳动的权利，国家通过国民经济有计划的发展，逐步扩大劳动就业，改善劳动条件和工资待遇，以保证公民享受这种权利"，"中华人民共和国劳动者在年老、疾病或者在丧失劳动能力的时候，有获得物质帮助的权利，国家举办社会保险、社会救济和群众卫生事业，并且逐步扩大这些措施，

---

① 毛泽东著作选读编辑委员会：《毛泽东著作选读》下册，人民出版社1986年版，第563页。
② 《毛泽东文集》第六卷，人民出版社1999年版，第71页。

以保证劳动者享受这种权利"。① 至此，我国以根本大法的形式确立了社会救助在人们生活中的地位与作用，同时也标志着社会主义社会救助制度的初步建立。

毛泽东还通过哲学思维的方式，认识到社会救助与经济发展之间是一种辩证的关系。社会救助水平受制于经济发展水平，如果经济不发展，社会救助就会由于缺少物质基础而难以发展；如果社会救助水平落后于经济的发展水平，也会导致经济的发展因为缺乏社会救助的保障作用而受到影响。但经济发展与社会救助的地位是不同的，前者是问题的主要方面，经济的发展水平决定着社会救助的发展水平。对此，毛泽东在1953年召开的全国财经工作会议上强调："我们的重点必须放在发展生产上，但发展生产和改善人民生活二者必须兼顾。福利不可不谋，不可多谋，不谋不行。"② 毛泽东明确提出应以生产发展为重点，坚持社会救助要与生产力发展相一致的基本原则，这就抓住了社会救助发展的关键，为我国社会救助政策的建立与发展指明了正确的方向。

（二）邓小平的社会救助观

邓小平继承与发展了毛泽东的社会救助观并在新的历史条件下丰富了具有中国特色的社会救助理论，其主要内容有：

1. 社会救助应坚持公平与效率相统一的原则

邓小平指出，社会主义初级阶段的主要矛盾是人民日益增长的物质文化需求同落后的社会生产之间的矛盾。因此，社会主义的本质任务就是"解放生产力，发展生产力，消灭剥削，消除两极分化，最终达到共同富裕"。这不仅是马克思的"生产力是社会历史发展的决定力量"这一观点的体现，同时又符合社会救助理论的"公平与效率"思想。邓小平所讲的"解放生产力，发展生产力"是提高效率问题，而"消灭剥削，消除两极分化，实现共同富裕"是体现公平问题。社会救助要坚持公平与效率相统一的原则，从而促进社会公平公正，实现社会和谐。

2. 切实关心与改善群众生活是社会救助的基本宗旨和归宿

邓小平从为人民谋利益的宗旨出发，明确指出"建设工作必须面对群众的需要"，"不要脱离实际，不要脱离群众的实际生活水平，要解决

---

① 中共中央文献研究室：《建国以来重要文献选编》第五册，中央文献出版社1993年版，第540页。

② 《毛泽东选集》第二卷，人民出版社1991年版，第92页。

好'骨头'和'肉'的关系,切实关心群众生活"①,"现在,周边一些国家和地区经济发展比我们快,如果我们不发展或发展得太慢,老百姓一比就有问题了"②,"我们奋斗了几十年,就是为了消灭贫困"③。并提出了提高人民群众生活水平的"三步走"战略,即第一步,从1981—1990年实现国民生产总值比1980年翻一番,基本解决人民的温饱问题;第二步,到20世纪末,使国民生产总值再增长一倍,人民生活达到小康水平;第三步,到21世纪中叶,人均国民生产总值达到中等发达国家水平,人民生活比较富裕,基本实现现代化。④由此可见,邓小平把不断提高人民群众的生活水平作为社会主义国家进行社会救助的基本宗旨与终极目标。

3. 实行农村开发式扶贫。依据中国农村的特点,邓小平提出应积极实施农村开发式扶贫政策

为响应邓小平的这一主张,民政部于1983年首次提出扶贫计划,强调要把救灾救济和扶贫工作结合起来,运用多种措施扶持灾民尤其是困难户搞好生产、发展致富,有效地减少了农村贫困人口,贫困状况大为改观。据统计,贫困农民在1978年约有2.5亿人,到1984年减少到1.28亿人。就粮食总产量而言,1978年为30480万吨,1980年为32050万吨,1982年为35450万吨,1985年为37910万吨。1979—1983年,中国农业总产值(包括村办工业)平均每年增长7.9%,1984年增长14.5%,远远超过了1953—1978年的26年间平均每年增长3.2%的速度。⑤

4. 社会救助是社会主义优越性的重要体现

1987年10月,邓小平根据对当时农村与城市改革的具体情况分析,在《我们干的事业是全新的事业》一文中指出:"这一次改革首先是从农村开始的。占全国人口80%的农民连温饱都没有保障,怎么能体现社会主义的优越性呢?"⑥邓小平在此以解决大多数群众的温饱问题为基础,明确地表达了社会救助是社会主义优越性的重要体现这一观点。他认为,劳动力的再生产是社会再生产得以顺利运行的一个必备条件,如果劳动力

---

① 《邓小平文选》第一卷,人民出版社1994年版,第268页。
② 同上书,第375页。
③ 同上书,第109页。
④ 同上书,第256页。
⑤ 中共中央文献研究室:《十二大以来重要文献选编》中册,人民出版社1986年版,第689页。
⑥ 《邓小平文选》第三卷,人民出版社1993年版,第255页。

再生产不能正常进行，社会再生产则会受到严重影响，因此，社会救助是社会主义革命和建设的本质要求，保障人民群众的生活状况关系到社会主义的生存与发展，没有社会主义的社会救助也就不存在社会主义的优越性，我们必须始终把社会救助作为社会主义的基本任务和重要内容。

（三）江泽民的社会救助观

自20世纪90年代以来，我国在建立与完善社会主义市场经济体制的新形势下，对加快推进社会救助体系建设提出了新的要求。以江泽民为核心的党中央领导集体提出了一系列社会救助观点，为建立完善的社会救助制度提供了理论依据。

1. 社会救助制度是社会主义市场经济体制的重要内容

党的十三届四中全会以来，我国把制定社会救助制度作为建立社会主义市场经济体制的重要内容摆在一个更加突出的位置。江泽民在党的十四大报告中明确提出："我们要建立的社会主义市场经济体制，就是要使市场在社会主义国家宏观调控下对资源配置起基础性作用"，"要深化分配制度和社会保障制度的改革"，要"解决建立待业、养老、医疗等社会保障制度"。党的十四届三中全会通过的《中共中央关于建立社会主义市场经济体制的若干问题的决定》把建立社会救助体系作为构成社会主义市场经济体制基本框架的五个主要环节之一，并详细阐明了社会救助的资金来源、实施方式、机构设置和管理运行等问题。[①] 在党的十六大报告中，江泽民指出了健全社会保障体系的重要作用，强调"建立健全同经济发展水平相适应的社会保障体系是社会稳定和国家长治久安的重要保证"。并提出"有条件的地方，探索建立农村养老和最低生活保障制度"。这些论述对于我国社会救助制度的发展具有重要的指导意义。

2. 发挥土地的生活保障功能

土地是农民最基本的生产资料和最可靠的生活保障资源。党的十一届三中全会以来，我国创造性地实行了农村土地承包经营责任制，赋予农民自主经营权，此举极大地激发了农民的生产积极性，促进了农村生产力的快速发展，农民生活条件获得很大改善。但随着我国社会经济的不断发展和城市化步伐的逐渐加快，农村土地资源日益减少，农民失地失业和损害

[①] 臧少梅、于学江、修雁：《毛泽东、邓小平、江泽民的社会保障思想及中国的实践》，《内蒙古农业大学学报》（社会科学版）2006年第3期。

农民合法权益的问题时有发生。江泽民对此高度关注,并指出:"土地关系农民的就业,也是农民的社会保障","在城市化的过程中,农民家里有块地,就有进有退"①,"必须坚决保护好耕地。我们是以占世界7%的耕地,养活占世界22%的人口。保护耕地至为重要"。② 此外,他还提出了保护土地的原则与方法,强调"要注意稳定农村土地承包关系。绝不允许用行政办法剥夺农民的土地使用权"③,"我们对国土资源的保护和管理必须严而又严。总的原则是,在保护中开发,在开发中保护。资源开发和节约并举,把节约放在首位,努力提高资源利用效率"。④

3. 加强农民的医疗保障工作

在1996年12月召开的全国卫生工作会议上,江泽民针对当时农村卫生条件和农民健康状况,提出要切实加强农村医疗卫生工作,以提高农民的健康水平。他指出:"从全国情况来看,农村医疗卫生工作基础薄弱的状况仍未根本改变,一部分农民因贫困而看不起病,另一部分农民因病致贫、因病返贫,疾病已成为农民脱贫致富的重要制约因素。城乡之间以及不同地区之间医疗卫生条件和人民健康水平差距有进一步加大的趋势,这是一个十分值得重视、需要认真研究解决的问题。"并进而强调:"加强农村卫生工作,关键是发展和完善农村合作医疗制度。这是长期实践经验的总结,符合我国国情,符合农民愿望。要进一步统一认识,加强领导,积极稳妥地把这件事情办好。"⑤

4. 开展扶贫开发

由于受到社会历史、自然环境和经济发展水平的制约,我国在20世纪末还存在着大面积的贫困区域和大量的贫困人口。党和政府不断加大扶贫资金的投入力度,积极动员社会各界力量,在全国范围内扎实开展了大规模的扶贫开发工作,取得了巨大的成效。江泽民强调:"加快贫困地区的发展步伐,不仅是一个经济问题,而且是关系到国家长治久安的政治问题,是治国安邦的一件大事。我们必须从战略的全局的高度,充分认识打

---

① 《江泽民文选》第三卷,人民出版社2006年版,第411页。
② 中共中央文献研究室:《江泽民论有中国特色社会主义(专题摘编)》,中央文献出版社2002年版,第120页。
③ 《江泽民文选》第三卷,人民出版社2006年版,第411页。
④ 中共中央文献研究室:《江泽民论有中国特色社会主义(专题摘编)》,中央文献出版社2002年版,第294页。
⑤ 《江泽民文选》第一卷,人民出版社2006年版,第601页。

好扶贫攻坚战的重大的政治、经济和社会意义。"① 国家要"从多方面采取措施,加大扶贫攻坚力度,到21世纪末基本解决农村贫困人口的温饱问题"。② 他要求全党同志都要从坚持党的宗旨的高度来认识扶贫工作,都要把解决农村贫困人口的基本生活问题作为一项重大的政治任务,义不容辞地完成。此外,江泽民还提出在积极开展农村扶贫工作的同时,应加快"发展城乡社会救济和社会福利事业。有条件的地方,探索建立农村养老、医疗保险和最低生活保障制度"。③ 这些论述是对我国社会救助理论的重大发展。

(四)十六大以来中国共产党的社会救助观

党的十六大以来,以胡锦涛为总书记的党中央领导集体关于社会救助的一些观点是对马克思主义社会救助观的最新发展,为新时期制定与完善社会救助政策指出了发展方向。

1. 科学发展观提升了对中国特色的社会救助的认识

党的十六届三中全会提出的科学发展观提升了对中国特色的社会救助的理论认识,进一步增强了开展社会救助的坚定性和自觉性。这主要体现在:其一,提升了对社会救助地位的认识。科学发展观强调以"发展"作为第一要务,从社会主义市场经济和中国特色社会主义发展的全局出发,将社会救助作为社会主义制度优越性的体现和社会主义市场经济的重要支柱,并强调在推进改革发展中不断完善社会救助的各项政策与制度,从而将社会救助的地位提升到新的高度。其二,提升了对社会救助目标的认识。社会主义的根本任务就是要在社会经济发展的基础上不断满足人们日益增长的物质文化需求,而社会救助政策与措施也是为了满足人们的物质文化需求,二者在价值目标上是一致的,都是在社会主义根本制度下,为了保障与发展人们的切身利益。其三,提升了对社会救助本质要求的认识。科学发展观强调社会救助政策的发展,要以提高社会生产力的发展水平为基础,要从社会主义初级阶段的现实情况出发,坚持"以人为本"这一本质要求,不断提高人们的生活水平,保障人们的经济、政治和文化权利。

---

① 《江泽民文选》第一卷,人民出版社2006年版,第551页。
② 《江泽民文选》第二卷,人民出版社2006年版,第28页。
③ 《江泽民文选》第三卷,人民出版社2006年版,第551页。

2. 以建立完善的社会救助体系为主要目标

为了保障全体困难人员的基本生活，提高救助工作的实际成效，应建立健全社会救助政策体系。党的十六届五中全会通过的《第十一个五年规划纲要》提出，要"建立健全与经济发展水平相适应的分层次、广覆盖的社会保障体系"。2007年6月，胡锦涛在中央党校省部级干部进修班的讲话中指出："加强社会建设，要以解决人民最关心、最直接、最现实的利益问题为重点，使经济发展成果更多体现到改善民生上，尤其要注重优先发展教育，实施扩大就业的发展战略，深化收入分配制度改革，基本建立覆盖城乡居民的社会保障体系，建立基本医疗卫生制度，提高全民健康水平，完善社会管理，维护社会安定团结。"在党的十七大报告中，他再次指出，要"加快建立覆盖城乡居民的社会保障体系，保障人民基本生活"，并在参加广东代表团审议时强调，必须加快完善社会救助体系，不断加大对社会救助的投入，扩大社会救助的覆盖范围，努力提高救助水平与统筹层次。[①]

3. 以保障人们的基本生活为基点

社会救助首要的目的是保障人们的基本生活，在此基础上努力满足人们的发展需要。正如胡锦涛所言，要"切实保障困难群众的基本生活，帮助他们解决在就医、子女上学等方面遇到的实际困难。要切实做好保障义务教育的工作，加大对农村义务教育的投入，认真落实'两免一补'政策，充分保障农村学龄儿童受教育的权利。提倡全社会都来关爱贫困家庭的学生，保证考上大学的贫困学生都能入学。要高度重视公共卫生和医疗服务体系建设，推广新型农村合作医疗制度，帮助农牧民解决看病难问题。有条件的地方可以探索建立农村最低生活保障制度"。[②] 国家《第十一个五年规划纲要》强调，要"建立城乡医疗救助制度，将城市居民最低生活保障对象、农村特困户和五保供养对象纳入救助范围"。党的十七大报告则进一步强调："加快建立覆盖城乡居民的社会保障体系，保障人民基本生活。要以社会保险、社会救助、社会福利为基础，以基本养老、基本医疗、最低生活保障制度为重点，以慈善事业、商业保险为补充，加

---

① 裴爱红：《胡锦涛社会保障思想探析》，载《湖南农业大学学报》（社会科学版）2009年第4期，第93页。

② 胡锦涛：《全面贯彻落实科学发展观推动经济社会又快又好发展》，《求是》2006年第1期。

快完善社会保障体系。"①

4. 多渠道筹集社会救助资金

社会救助资金是发展社会救助事业的前提与基础,也是建立健全社会救助政策的中心内容和社会救助体系正常运转的基本条件。多渠道筹集资金,提高资金投入与管理水平,对于完善我国社会救助体系具有非常重要的作用。因此,我国《第十一个五年规划纲要》指出:"增加财政社会保障投入,多渠道筹措社会保障基金。"党的十七大报告又提出,要"采取多种方式充实社会保障基金,加强基金监管,实现保值增值。健全社会救助体系"。② 第十一届全国人大一次会议再次强调,要"采取多种方式充实社会保障基金,强化资金监管,确保基金安全,实现保值增值"。党的十七届三中全会通过的《中共中央关于推进农村改革发展若干重大问题的决定》进一步指出:"完善农村最低生活保障制度,加大中央和省级财政补助力度,做到应保尽保,不断提高保障标准和补助水平。全面落实农村五保供养政策,确保供养水平达到当地村民平均生活水平。完善农村受灾群众救助制度。"③

总之,社会救助是一个开放的政策体系,随着我国改革开放的持续推进和构建社会主义和谐社会伟大实践的不断深入,中国特色的社会救助观也必将继续得到丰富与发展;同时,也只有不断完善社会救助政策,提高社会救助水平,才能改善困难群众的物质文化生活,保障群众安居乐业,生活安宁。

第二节 农村贫困现状及成因

自改革开放以来,我们党和政府坚持以经济建设为中心,采取多种有效措施,推动了国民经济持续快速发展,带动了人们生活水平的显著提高,大幅度缩减了农村贫困人口。然而,如果我们从分析的角度来看,转

---

① 胡锦涛:《高举中国特色社会主义伟大旗帜为夺取全面建设小康社会新胜利而奋斗——在中国共产党第十七次全国代表大会上的报告》,《求是》2007年第21期。

② 同上。

③ 《中共中央关于推进农村改革发展若干重大问题的决定》,《人民日报》2008年10月20日,第1版。

型时期我国农村贫困问题依然存在。本节主要就转型期我国农村贫困的总体状况和特征进行具体分析,并对农村贫困问题的形成原因进行深入探讨,为本书进一步研究提供现实依据。

一 农村贫困的现状

(一)农村贫困人口规模

国务院新闻办公室于2011年11月16日发布的《中国农村扶贫开发的新进展》白皮书指出:"国家根据经济社会发展水平的提高和物价指数的变化,将全国农村扶贫标准从2000年的625元人民币逐步提高到2010年的1274元人民币。以此标准衡量的农村贫困人口数量,从2000年年底的9422万人减少到2010年年底的2688万人。"可见,虽然我国农村贫困人口总数呈下降趋势,但农村贫困人口的数量一直高达数千万,规模庞大(见表2-1)。如果按照世界银行确定的贫困线标准,即人均每天消费低于1.25美元计算,我国农村的贫困人口群体会更加庞大,其数量在国际上排名居于第二位,仅次于印度。[1] 这个群体的贫困程度较深,贫困发生率较高。根据国家民政部公布的2011年11月各省民政事业统计数据,笔者整理出各省、自治区、直辖市农村的贫困状况(见表2-2)。

表2-1　　　　　2000—2010年我国农村贫困状况[2]

年份	贫困线(元/人)	贫困发生率(%)	贫困规模(万人)
2000	625	3.4	9422
2001	630	3.1	9029
2002	627	3.0	8645
2003	637	3.1	8517
2004	668	2.8	7587
2005	683	2.5	6432
2006	693	2.3	5698
2007	785	1.6	4320
2008	1196	4.2	4007
2009	1196	3.6	3597

---

[1] 《中国贫困线与国际标准差距悬殊》,《中国青年报》2009年4月10日。
[2] 贫困发生率也称贫困人口比重,指低于贫困线的人口数占总人口数的比重。

续表

年份	贫困线（元/人）	贫困发生率（%）	贫困规模（万人）
2010	1274	2.8	2688

资料来源：《2010 中国发展报告》、《中国统计年鉴（2000—2010）》和《中华人民共和国 2000—2010 年国民经济和社会发展统计公报》中的相关数据。

表 2-2　　　　　　　　　我国各地农村贫困状况

地区	农村低保人数（人）	地区	农村低保人数（人）
全国合计	53021646	河南	3656532
北京	69818	湖北	2291329
天津	93948	湖南	2602954
河北	2076824	广东	1836391
山西	1346331	广西	3231137
内蒙古	1140846	海南	239783
辽宁	924666	重庆	1056798
吉林	984801	四川	4210559
黑龙江	1217758	贵州	5311458
上海	68064	云南	4033959
江苏	1418922	西藏	230000
浙江	579382	陕西	2211726
安徽	2155215	甘肃	3303829
福建	722613	青海	400762
江西	1497443	宁夏	369706
山东	2398364	新疆	1339728

资料来源：民政部 2011 年 11 月各省民政事业统计数据。

由表 2-2 可以看出，截至 2011 年 11 月我国农村贫困人口为 5302.16 万人，且大多分布于中西部地区。

（二）农村贫困人口构成

改革开放前，我国农村贫困人口主要包括"三无"人员和一部分由于天灾人祸而造成生活困难的群体。随着经济社会的不断发展，我国农村贫困人口的构成已发生明显变化，并呈现出多元化的特点。具体而言，我国农村贫困人口主要包括以下六个部分：

1. 贫困地区的农村贫困人口

贫困地区是指在全国范围内贫困人口较为集中的地区。根据国家统计局对全国 592 个扶贫开发工作重点县农村贫困监测调查，按照农村贫困标准

1274元计算，2010年农村贫困人口1693万人，占全国农村贫困人口的63%；贫困发生率8.3%，是全国农村平均水平的3倍。① 可见，这部分贫困人口是目前我国农村贫困群体的主体部分。

2. 非贫困地区的农村贫困人口

国定贫困县的农村贫困人口是中央和省级政府进行扶持的主要对象，但除此之外，还有非国定贫困县的农村贫困人口，截至2010年年底，这部分人数仍高达995万人，占农村贫困人口总数的37%，他们也是我国农村社会救助的一部分。

3. 残疾人群体

国务院办公厅印发的《农村残疾人扶贫开发纲要（2011—2020年）》的数据表明，目前，我国农村仍有2000万以上的贫困残疾人；并认为，由于残疾影响、受教育程度偏低、缺乏技能、机会不均等、扶贫资金投入不足等原因，残疾人仍是贫困人口中贫困程度最重、扶持难度最大、返贫率最高、所占比例较大的特困群体，是农村扶贫工作的重点人群。② 这一群体和贫困形成了恶性循环，同健康人相比，他们在就业与生活中无疑处于困难或弱势的地位。

4. 农村五保供养中的弱势群体

2010年第六次人口普查显示，我国已经进入了老龄化社会，60岁及以上老年人口为1.78亿人，占全国总人口的13.26%，其中65岁及以上人口为1.19亿人，占8.87%。③ 而老年人口中有60%又生活在农村，农村养老需求强烈且紧迫。截至2010年5月，我国农村五保供养对象总人数达到554万人。④ 由于地方各级政府财政尤其是贫困地区的政府财政非常困难，农村五保供养对象往往成为贫困人口的重要组成部分。

5. 农民工群体

农民工是指从农村进入城镇，依靠替雇主工作为谋生手段，但不具有

---

① 国家统计局网站：《2010年国家扶贫开发工作重点县农村贫困人口减少482万》，http://www.stats.gov.cn/tjfx/fxbg/t20110310_402709619.htm。
② 中国新闻网：《国务院办公厅印发农村残疾人扶贫开发纲要（2011—2020年）》，http://www.chinanews.com/gn/2012/01-19/3616817.shtml。
③ 国家统计局网站：《2010年第六次全国人口普查主要数据公报（第1号）》，http://www.stats.gov.cn/tjgb/rkpcgb/qgrkpcgb/t20110428_402722232.htm。
④ 部宣：《民政部：首次在全国开展农村五保供养表彰工作》，《中国社会报》2010年7月23日，第1版。

非农业户口的社会群体。据国家统计局公布的数据显示，2009年全国农民工总数为22978万人，比去年增加了1.9%。① 当前，农民工已成为我国产业工人的主要组成部分，但是由于受到传统户籍制度和面向城镇居民的相关制度的排斥，如果缺乏相应的保障措施则更容易因遭遇各种意外风险而导致他们陷入生活贫困境地。

6. 失地农民

长期以来，在我国农村经济的稳定发展中，土地发挥着重要的保障作用。伴随着城市化进程的不断加快，大量的农民失去大部分甚至是全部的土地，成为失地农民。国家统计局历年发布的数据显示，2002—2009年的城镇化率分别为39.1%、40.5%、41.8%、43%、43.9%、44.9%、45.68%、46.6%。据专家估计，2010年我国失地农民约为4000万人。②而且随着城市化的进一步推进，失地农民还将不断增加，加之现行征地制度存在着较多的缺陷，使得失地又失业的贫困农民在生活、医疗、教育等方面面临着严重的问题。

（三）农村贫困人口分布

随着改革开放的不断深入，我国东部地区的社会经济发展明显好于中西部地区，区域发展失衡状况日益凸显，东部与中西部地区的农村居民在生产发展、经济收入和生活质量等各方面的差距进一步扩大。根据国家民政部公布的2011年11月各省民政事业统计数据，笔者绘出我国各地农村贫困人口与家庭数量表（见表2-3）。

表2-3　　　　　我国各地农村贫困人口及家庭数量

地区	低保人数（人）	低保家庭数（户）	低保本月计划支出（万元）	地区	低保人数（人）	低保家庭数（户）	低保本月计划支出（万元）
全国合计	53021646	26377346	431767.7	河南	3656532	2256151	25147.1
北京	69818	39540	1939.0	湖北	2291329	1236610	15244.2
天津	93948	40118	1633.6	湖南	2602954	1161234	16272.8

---

① 人民网：《中国农民工人数将达2.3亿，月均收入1417元》，http://finance.people.com.cn/GB/11208775.html。
② 刘晓忠：《失地农民需要新的社会身份》，《21世纪经济报道》2011年11月1日，第4版。

续表

地区	低保人数（人）	低保家庭数（户）	低保本月计划支出（万元）	地区	低保人数（人）	低保家庭数（户）	低保本月计划支出（万元）
河北	2076824	1416054	17896.9	广东	1836391	781240	18140.7
山西	1346331	985344	11623.3	广西	3231737	1379758	20544.8
内蒙古	1140846	822670	16498.5	海南	239783	94346	2942.2
辽宁	924666	517570	8252.4	重庆	1056798	527372	8545.5
吉林	984801	508959	8242.0	四川	4210559	2182742	27507.6
黑龙江	1217758	585529	10573.1	贵州	5311458	2251218	42441.2
上海	68064	43527	1069.9	云南	4033959	2160076	31679.3
江苏	1418922	747079	19194.5	西藏	230000	58742	1600.4
浙江	579382	350101	9114.0	陕西	2211726	884282	19036.0
安徽	2155215	1095868	15470.1	甘肃	3303829	959914	21050.7
福建	722613	317603	5344.7	青海	400762	142060	3134.4
江西	1497443	612351	13810.3	宁夏	369706	228734	2685.3
山东	2398364	1471125	22033.6	新疆	1339728	519429	13099.6

资料来源：民政部2011年11月各省民政事业统计数据。

通过表2-3可以看出，2011年我国各地区农村贫困人口数量超过200万的省份有12个，分别是：安徽、河北、山东、河南、湖北、湖南、四川、贵州、云南、陕西、甘肃及广西壮族自治区，其中有10个为中西部地区的省份，贵州省最高，达到531万人，四川省有421万人。而东部地区仅河北省和山东省的农村贫困人口数量超过200万人，分别为208万人和240万人。此外，以上这些省份中，有10个省份的贫困家庭总数均超过100万户，河南省居于首位，接近226万户，其次为贵州省，达到225万户。在认识我国农村贫困人口空间分布的基础上，笔者根据表2-3和其他相关数据分别作出我国各地的农村贫困人口数占全国农村贫困人口总数的比率（见表2-4），全国各地农村贫困发生率（见表2-5），全国东、中、西部和东北地区的农村贫困人口及贫困发生率（见表2-6）。

表2-4 我国各地的农村贫困人口数占全国农村贫困人口总数比率

地区	贫困人口（人）	贫困比率（%）	地区	贫困人口（人）	贫困比率（%）
全国合计	53021646	100	河南	3656532	6.90
北京	69818	0.13	湖北	2291329	4.32
天津	93948	0.18	湖南	2602954	4.91
河北	2076824	3.92	广东	1836391	3.46
山西	1346331	2.54	广西	3231137	6.09
内蒙古	1140846	2.15	海南	239783	0.45
辽宁	924666	1.74	重庆	1056798	1.99
吉林	984801	1.86	四川	4210559	7.94
黑龙江	1217758	2.30	贵州	5311458	10.02
上海	68064	0.13	云南	4033959	7.61
江苏	1418922	2.68	西藏	230000	0.43
浙江	579382	1.09	陕西	2211726	4.17
安徽	2155215	4.06	甘肃	3303829	6.23
福建	722613	1.36	青海	400762	0.76
江西	1497443	2.82	宁夏	369706	0.70
山东	2398364	4.52	新疆	1339728	2.53

资料来源：民政部2011年11月各省民政事业统计数据。

由表2-4可见，各地农村贫困人口占全国农村贫困人口的比率相差较大，北京、上海均为0.13%，而贵州省则高达10.02%，其中比率大于4%的省份共有11个，分别是：安徽、河南、湖北、湖南、广西、四川、贵州、云南、陕西、甘肃、山东，这些省份绝大多数位于中西部地区，其农村贫困人口数占到全国农村贫困人口总数的比率达到66.77%。

表2-5 我国各地农村贫困发生率[①]

地区	农村人口（万人）	贫困人口（人）	贫困发生率（%）	地区	农村人口（万人）	贫困人口（人）	贫困发生率（%）
全国合计	71288	53021646	7.44	河南	5910	3656532	6.19
北京	263	69818	2.65	湖北	3089	2291329	7.42
天津	270	93948	3.48	湖南	3639	2602954	7.15

---

① 全国合计农村人口包括现役军人数，分地区数字中未包括。

续表

地区	农村人口（万人）	贫困人口（人）	贫困发生率（%）	地区	农村人口（万人）	贫困人口（人）	贫困发生率（%）
河北	4009	2076824	5.18	广东	3528	1836391	5.21
山西	1851	1346331	7.27	广西	2952	3231137	10.95
内蒙古	1129	1140846	10.10	海南	440	239783	5.45
辽宁	1712	924666	5.40	重庆	1384	1056798	7.64
吉林	1279	984801	7.70	四川	5017	4210559	8.39
黑龙江	1703	1217758	7.15	贵州	2663	5311458	19.95
上海	219	68064	3.11	云南	3017	4033959	13.37
江苏	3430	1418922	4.14	西藏	221	230000	10.41
浙江	2181	579382	2.66	陕西	2131	2211726	10.38
安徽	3550	2155215	6.07	甘肃	1775	3303829	18.61
福建	1763	722613	4.10	青海	324	400762	12.37
江西	2518	1497443	5.95	宁夏	337	369706	10.97
山东	4894	2398364	4.90	新疆	1299	1339728	10.31

资料来源：民政部 2011 年 11 月各省民政事业统计数据及《2010 年中国统计年鉴》。

由表 2-5 可以看出，全国农村的平均贫困发生率是 7.44%，在全国 31 个省份中，农村贫困发生率高于全国平均发生率的有 13 个，分别是：内蒙古、吉林、广西、重庆、四川、贵州、云南、西藏、陕西、甘肃、青海、宁夏、新疆，其中位于中西部地区的省份就有 12 个。通过分析进而得出，中西部地区 18 个省份的农村平均贫困发生率为 10.19%，比全国平均发生率高出 2.75 个百分点。

表 2-6　我国东、中、西部和东北地区农村贫困人口及贫困发生率[1]

地区	贫困人口（人）	贫困人口占全国比例（%）
东部	9504109	17.92
中部	13549804	25.56

---

[1] 表中东部地区包括：北京、天津、河北、上海、江苏、浙江、福建、山东、广东和海南；中部地区包括：山西、安徽、江西、河南、湖北和湖南；西部地区包括：内蒙古、广西、重庆、四川、贵州、云南、西藏、陕西、甘肃、青海、宁夏和新疆；东北地区包括：辽宁、吉林和黑龙江。

续表

地区	贫困人口（人）	贫困人口占全国比例（%）
西部	26840508	50.62
东北	3127225	5.90

资料来源：民政部 2011 年 11 月各省民政事业统计数据。

由表 2-6 可以看出，我国东部地区的农村贫困人口有 950.4 万人，占全国农村贫困人口的比例为 17.92%；而中西部地区的农村贫困人口占全国农村贫困人口的比例为 76.18%，共计 4039 万人。

通过以上分析，我们得出的结论是：第一，我国农村贫困人口主要分布在中西部地区，东部地区的农村贫困人口还不到全国农村贫困人口总数的 1/5；第二，除了吉林省之外，东部和东北地区的农村贫困发生率均低于全国平均发生率；第三，中西部地区的农村贫困发生率仍然较高，主要是由于受到历史发展、经济社会条件和自然环境等因素的制约，因此，我国政府进行农村社会救助的重点区域应该是中西部地区。[①]

二 农村贫困的特征

自《中国农村扶贫开发纲要（2001—2010 年）》实施以来，我国农村的贫困人口数量和贫困发生率呈现出双双下降的趋势（见表 2-1），贫困地区居民的生产生活状况得到了较大的改观，各项社会事业有了较快的发展。然而我国农村的贫困问题依然存在，并表现出一些新的特征。

（一）贫困农民温饱问题大为缓解，但发展成本明显增加

随着扶贫开发政策的不断实施，我国农村贫困居民的温饱问题在很大程度上得到了缓解，但与此同时，由于农村社会保障体系和农村教育政策还不健全，造成了农村居民在教育和医疗方面的费用支出明显增加，并远远高于他们经济收入的增长程度，这是目前贫困农民和中低收入农民面临的最严重问题。教育和医疗费用负担过重，直接导致了大部分贫困农民依靠借债度日，这种状况进一步加深了贫困农民的贫困程度，并使一部分处于贫困线以上的农民陷入事实上的贫困境地。

（二）贫困农户与其他农户的收入差距有所扩大，相对贫困问题突出

在社会主义市场经济条件下，由于劳动者和经营者的能力存在差别，

---

① 在上述分析中，农村贫困人口的数值是依据享受农村最低生活保障的人数，不包含流动人口。

市场竞争中必然产生优胜劣汰和个人收入差距的拉大。[①] 用五等份分布法，农村居民中最高收入的20%占全部农民纯收入总量的比例由2005年的43.8%提高到2009年的44.1%，而最低收入的20%占全部收入的比例由2005年的6.0%下降至2009年的5.5%，贫困农民群体与其他农民群体的收入差距较大，且有进一步扩大的倾向（见表2-7）。

表2-7　　2005—2009年按五等份分农村居民家庭纯收入情况

单位：元

年份	低收入户	中低收入户	中等收入户	中高收入户	高收入户	纯收入总量
2005	1067.22	2018.31	2850.95	4003.33	7747.35	17687.16
2006	1182.46	2222.03	3148.50	4446.59	8474.79	19474.37
2007	1346.89	2581.75	3658.83	5129.78	9790.68	22507.93
2008	1499.81	2934.99	4203.12	5928.60	11290.20	25856.72
2009	1549.30	3110.10	4502.08	6467.56	12319.05	27948.09

资料来源：《中国统计年鉴》（2006—2010年）。

（三）贫困人口分布呈点、片、线并存态势，分散性特征显著

20世纪80年代中期以来，随着改革开放的不断深入，我国政府对农村贫困集中的地区先后制定并实施了一系列关于区域发展的政策与措施，经过多年的不懈努力，农村区域性贫困状况有了较好的改观，贫困人口的空间分布也由明显的集中区域分布转变为点（14.8万个贫困村）、片（特殊贫困片区）、线（沿边境贫困地带）并存的态势。根据国家统计局对全国592个扶贫开发工作重点县农村贫困监测调查，按照农村贫困标准1274元计算，2010年农村贫困人口1693万，只占全国农村贫困人口的63%，还有37%的农村贫困人口分散居于其他地区，这无疑会加大社会救助的工作难度。

（四）脱贫成本不断增加，减贫速度逐步放缓

进入新世纪以来，中央和地方各级政府不断加大对扶贫的财政投入，扶贫资金投入从2001年的127.5亿元增加到2010年的349.3亿元，年均增长11.9%，其中中央财政安排的扶贫资金投入，从100.02亿元增加到

---

① 常绍舜主编：《社会主义建设辩证法研究》，中国检察出版社2005年版，第241页。

222.7亿元,年均增长9.3%。① 我国农村贫困人口的数量虽然在整体上呈下降趋势,但农村脱贫的进度逐步减缓。按照官方统计数字,20世纪80年代初至90年代末,全国农村贫困人口平均每年减少约940万人;2000—2010年,农村贫困人口从9422万人减少到2688万人,减少了6734万人,平均每年减少约612万人。②

(五)贫困群体呈现大进大出的态势,返贫现象较为严重

由于贫困人口的家庭经济基础较差,加之收入又不够稳定,导致抵御风险能力薄弱和持续发展能力不强,往往难以实现稳定脱贫。贫困农户通常只能维持基本生活和简单再生产,一旦遭遇重大自然灾害、社会风险和疾病等不良情况,他们就会立即重新返回贫困状态,"因病返贫、因学返贫、因灾返贫"的现象十分普遍。《中国农村扶贫开发纲要(2001—2010年)》中期评估政策报告显示,在没有解决温饱的贫困人口中,87%的人群在年际之间有进有出。以2003年为例,当年有1460万人脱贫,同时又有1540万人返贫,使当年贫困人口总量增加了80万人;另据扶贫办的数据表明,同年,全国多数省份的贫困人口均有不同程度的减少,但有的省份却在增加,如安徽、黑龙江、陕西和河南分别增加了66万人、43万人、37万人和53万人,这4个省的返贫人数合计超过200万人。

(六)贫困代际传递趋势日益显现

贫困代际传递是指贫困以及导致贫困的相关条件和因素,在家庭内部由年老的一代传递给年青一代,尤其是由父母传递给子女,使子女在童年和成年后重复其父母的境遇,即继承父母的贫困和不利因素并将贫困和不利因素传递给后代这样一种恶性遗传链;也指在一定的社区或阶层范围内,贫困以及导致贫困的相关条件和因素在代际之间延续,使后代重复前代的贫困境遇。③ 这种现象无论对社会和家庭,还是对贫困者个人都会产生严重的负面影响。因此,我国《第十一个五年规划纲要》首次提出,要"更加注重对贫困家庭子女的扶助,通过寄宿学习、家庭寄养、社会托养、免费职业教育等,改善其成长环境,防止贫困代际传递"。这是

---

① 中国新闻网:《〈中国农村扶贫开发的新进展〉白皮书》,http://www.chinanews.com/gn/2011/11-16/3464433.shtml。
② 同上。
③ 李晓明:《我国山区少数民族农民贫困代际传递的基本特征》,《内蒙古社会科学》2005年第6期。

"贫困代际传递"概念在我们党和政府的正式文件中第一次出现,说明贫困的代际传递问题日益突出并已经受到高度重视,也在一定程度上标示了我国社会救助政策调整的新动向。

三 农村贫困的成因

转型期我国农村贫困主要是与经济体制改革、产业结构调整和社会保障政策不完善等因素直接相关。需要注意的是,社会学对农村贫困的形成原因主要是从两个方面进行分析的:一是社会原因,即从社会转型以及由此产生的社会政策与制度的变革等方面来探讨农村贫困产生的根源;二是个人及其家庭原因,即从贫困者个人的素质、家庭状况及生活环境来分析贫困产生的因素。通过对合肥市农村贫困人口的调查发现,有63.7%的人认为贫困主要是由"社会原因"造成的,有36.3%的人认为贫困的产生主要在于"个人原因"(见表2-8)。

表2-8　　　　　　　　　农村贫困的主要原因

主要原因	人数	所占比例(%)
社会原因	272	63.7
个人原因	155	36.3
合计	427	100.0

资料来源:合肥市农村贫困家庭生活状况调查。

(一)致贫的内因分析

致贫的内在原因是指造成贫困的个人原因,从我国目前的实际情况来看,主要包括文化水平低、专业技术差、身体患病或身体有残疾、择业观念守旧和社会交往面窄等因素(见表2-9)。

表2-9　　　　　　　　　农村贫困的个人原因

个人原因	人数	所占比例(%)
文化水平低	145	38.4
专业技术差	31	8.2
身体患病	95	25.1
身体有残疾	78	20.6

续表

个人原因	人数	所占比例（%）
择业观念守旧	17	4.5
社会交往面窄	12	3.2
合计	378	100.0

资料来源：合肥市农村贫困家庭生活状况调查。

通过表2-9可以看出，在被调查的贫困居民中，有38.4%的人认为造成贫困的个人原因主要在于文化水平低，25.1%的人认为陷入贫困主要是由于身体患病，20.6%的人认为致贫原因主要在于身体有残疾，另外，还有部分人认为贫困主要是由专业技术差、择业观念守旧和社会交往面窄的因素造成的。

具体而言，我国农村贫困问题形成的个人原因，可以分为以下三个方面：

1. 贫困者的发展能力不强是致贫的一个重要因素

文化水平低、观念守旧、缺乏专业技术是贫困者发展能力不强的具体表现，而发展能力强弱与接受教育程度紧密相关。从我国农村贫困人口的现实情况来看，他们受到教育的程度普遍偏低。通过对合肥市农村贫困人口的调查发现，贫困人口中，有44.5%的人受过小学教育，32.2%的人没有上过学，18.6%的人受过初中教育，4.0%的人受过高中教育，而仅有0.7%的人受过中专及以上教育，可见农村贫困者的教育程度普遍较低（见表2-10）。

表2-10　　　　　　　　农村贫困人口的教育程度

教育程度	人数	所占比例（%）	累计比例（%）
未上过学	137	32.2	32.3
小学	189	44.5	76.7
初中	79	18.6	95.3
高中	17	4.0	99.3
中专及以上	3	0.7	100.0
合计	425	100.0	—

资料来源：合肥市农村贫困家庭生活状况调查。

"我的两个小孩都在上学，一个上高中，一个上初中，现在经济负担很重。而我们夫妻俩小学都没有上完，家里种了4亩地，经济很困难，农闲时我们一起出门打工。因为没有知识和技术，别的工作也做不了，只能在建筑工地干点力气活，收入也很低"。（个案访谈1 王先生）很显然，缺少文化知识和专业技术的农民，在社会发展中很容易陷入贫困的境地。

2. 贫困者的身体健康状况

农村贫困人口由于其所处社会地位的脆弱性，在基本医疗保障和卫生服务的可及性方面往往面临最困难、最不利的态势，这直接影响到他们的健康状况，而健康水平下降又会造成收入水平降低，进而使其贫困状况更加恶化。通过调查发现，在贫困人口中，有29.6%的人患有严重疾病，19.5%的人患有一般疾病，26.6%的人身体虚弱，三者合计达75.7%，即身体健康状况不佳者超过3/4，而仅有1/4的受访者身体状况良好（见表2-11），这说明了患有疾病和身体虚弱也是导致贫困的一个重要方面。

表2-11　　　　　　　农村贫困人口的身体健康状况

健康状况	人数	所占比例（%）	累积比例（%）
严重疾病	129	29.6	29.6
一般疾病	85	19.5	49.1
身体虚弱	116	26.6	75.7
一般	69	15.8	91.5
健康	37	8.5	100.0
合计	436	100.0	—

资料来源：合肥市农村贫困家庭生活状况调查。

"我和丈夫年龄一样大，都是43岁，儿子在读初中，家里经济收入主要依靠种田和外出打工，前几年丈夫患了肝炎，去年才好，今年我又患了子宫肿瘤，在医院住了12天，连同做手术一共花费13000多元，目前在家还要休养3个月。由于参加了'新农合'，医疗费可以报销一部分，但大部分还要自己支付，只得向别人借了一些钱，现在家庭经济很困难"。（个案访谈2 程女士）家庭收入本来就不高，加上治疗疾病时还要支付一定的费用，因此，"因病致贫、因病返贫"现象较为常见。

由于受到家庭经济条件的制约，贫困者"小病扛，大病拖，重病才去住病房"的情况仍然司空见惯。调查显示，贫困人口在生病时，经常去医院看病的人只占 31.3%，有 68.7% 的人通常不去医院（见表 2-12），而这无疑恶化了贫困者的健康状况。

表 2-12　　　　　　　农村贫困人口生病时的就医情况

生病时去医院看病情况	人数	所占比例（%）
经常去	129	31.3
通常不去	283	68.7
合计	412	100.0

资料来源：合肥市农村贫困家庭生活状况调查。

3. 贫困者的家庭收入来源渠道有限

贫困者的家庭收入来源渠道有限是造成贫困的又一重要原因。在所调查的贫困人口中，其家庭平均人口 3.8 人，劳动力 1.7 人，仅占 44.7%，可见贫困家庭的劳动力数量较少，老幼病残占有相当比例，因此，青壮年的家庭负担较重，既要照顾好老人和孩子，又是家里主要的，甚至是唯一的经济收入来源。

表 2-13　　　　　　　农村贫困家庭收入的来源情况

收入来源	人数	所占比例（%）
务农收入	87	23.7
打工收入	188	51.2
经商收入	29	7.9
社会救助	63	17.2
合计	367	100.0

资料来源：合肥市农村贫困家庭生活状况调查。

同时，通过表 2-13 可以看出，家庭主要的经济收入有 23.7% 来源于务农收入，51.2% 来源于打工收入，二者合计约占 3/4，而仅有 7.9% 来源于经商收入，这表明贫困农民的收入渠道较窄、资金的创造能力较差。

（二）致贫的外因分析

致贫的外在原因是指贫困产生的社会原因，主要包括产业结构调整、物价上涨过快、社会贫富差距进一步加大和社会保障体系不完善等多种因素。通过调查发现，有36.1%的人认为导致农村贫困的主要原因是物价上涨过快，28.1%的人认为是产业结构调整所致，二者合计超过六成，还有20.2%的人认为陷入贫困的原因主要在于社会保障体系不完善，15.6%的人认为农村贫困主要是由社会贫富差距过大造成的（见表2-14）。

表2-14　　　　　　　　农村贫困的社会原因

社会原因	人数	所占比例（%）
产业结构调整	85	28.1
物价上涨过快	109	36.1
社会贫富差距过大	47	15.6
社会保障体系不完善	61	20.2
合计	302	100.0

资料来源：合肥市农村贫困家庭生活状况调查。

随着转型期我国经济体制改革的深入推进，产业结构的调整力度不断加大，第二、第三产业得到了迅速发展，但第一产业在国民经济中所占比重逐步下降，农村贫困地区农业结构调整迟缓，这种状况促进我国社会经济整体上的持续、快速增长，但人数众多的农村居民收入水平却相对降低，进而导致社会贫富差距进一步拉大；与此同时，由于工业化、市场化进程的日益加快，农村居民面临着更多的社会风险，然而社会保障体系的不完善使得许多农民的生活状况并未出现多大的改善；而且，由于受到通货膨胀、物价上涨过快的因素影响，农村居民的生产与生活成本明显增加，这更加恶化了贫困农民的贫困状况。具体而言，我国农村贫困的社会原因主要分为以下五个方面：

1. 农业内部结构调整迟缓是导致农村贫困的重要原因

农业内部结构，就是包括种植业、林业、牧业和渔业等各产业的结构。农业内部结构的调整表现为种植业占农业总产值的比重不断下降，其他各业比重上升；其调整过程，是农业生产力不断发展的过程，是实现农业由粗放型经营转向集约型经营的过程，也是实现农民增产增收的重要途径。但在实际过程中，由于受到自然环境、农民素质、生产信息和资金投入等诸多因素的影响，在贫困地区农业内部结构调整相对迟缓，占主导地位的仍然是传统农业，而传统农业的主体又是种植业与养殖业，种植业的主体又是粮食生产，因此，粮食生产依然是贫困农民取得经济收入的主要方式；加之当前农户的生产经营较为分散，通常是以家庭为单位进行的，生产规模偏小、经营效益较低，农业科技水平提高与普及程度不高，科技成果应用滞后，许多农民生产只关注量的增加，而不重视质的提高；况且缺少扶贫的龙头企业或者龙头企业带动发展的能力有限，农业产业化经营成效不够明显。这些因素的存在常常造成农产品质量不高、缺乏市场竞争力，容易产生出售困难和价格下跌现象，从而导致农民增产不增收。

2. 城乡二元结构体制成为农民非农就业与增收的巨大障碍

当前，我国农村的贫困比例与贫困程度远远高于城市，这主要是源自于我国长期以来的城乡二元结构体制。这种体制严重制约了农村地区的社会经济发展和农民的脱贫致富。一方面，二元结构体制阻碍了农民的非农就业。随着我国产业结构的不断调整，"农村出现了大量的剩余劳动力，使其顺利转移并充分就业成为农民提高经济收入和实现脱贫致富的重要手段。但是城乡二元结构体制却严重阻碍了农村剩余劳动力向非农产业的转移。由于城乡分离的户籍制度过于限制，农村剩余劳动力只能通过不规则的方式进行转移"[1]，加上社会其他制度，如教育制度、医疗制度等，也对农民持有不公平甚至排斥的态度，导致农民无法有效进入统一的劳动力大市场，在非农就业问题上始终处于弱势地位。另一方面，二元结构体制增加了农民负担。在我国城乡二元结构体制下，城市和农村之间的公共产品供给主体不同，前者的主体是国家，后者的主体是农民自己。随着农村经济社会的不断发展，广大农民对公共产品的需求持续增长，特别是对乡村道路、水电设施、科技信息网络等生产性公共产品的需求日益强烈，而在国家预算不足和农村乡镇财力极其薄弱的情况下，只得通过预算外方式从农户征取经费，从而增加了农民的经济负担。

3. 通货膨胀的加剧容易致使农民陷入贫困境地

通货膨胀是一段时期内货币发行量超过商品流通中的实际需要量，进而引起货币贬值、物价上涨的现象，这对社会经济发展和人们生活稳定带来了很大的冲击。就农民生产生活而言，通货膨胀降低了农民的实际收入，从支出方面来看，由于农用生产资料和日用工业品价格涨幅较大，农

---

[1] 彭红碧：《中国农村贫困现状及影响因素》，《安徽农业科学》2010年第1期。

民购买同量同质的商品则需要支付更多的费用，致使农民生产生活的成本明显增加。近年尤其是2007年以来，各种农资价格涨幅较大，部分产品基本上是月月刷新历史纪录，其中2008年9月，大部分农资的价格涨幅达到历史最高水平。同时，木材、水泥、钢材等住房建材的价格上涨也导致农民经济支出的增加。从收入方面来看，相对于工业品的价格涨幅，农产品价格虽有上浮，但其综合价格水平仍然偏低，且由于出售的农产品只是农户全部产品的一部分，加之中间销售环节存在缺陷，生产者实际受益的并不多。因此，对于低收入农民来说，物价上涨使他们的生产生活负担加重，农业生产条件难以提高，生活消费标准有所降低，其家庭积蓄也受到影响，一旦遭遇风险就更容易陷入贫困的境地。

4. 在国民收入分配中农民处于不利地位

我国目前在国民收入分配过程中存在城乡之间、区域之间的不平等，这是在资源有限和市场化背景下资源配置的客观结果，而我国农民收入分配不平等情况更为严重。一方面，在生产所需的资源方面，农民在一次分配中处于不利地位。土地是农业生产最基本的必备资源，但近年来我国土地资源人均拥有量不断减少，由2000年的人均1.51亩下降至2009年的1.39亩，且土地质量下降严重；同时，农民对土地的使用与转让方面受到多种限制，甚至对土地的合法权益也经常遭受侵害。此外，农民不仅难以享受到较好的金融服务，反而还存在农村资金大量外流的现象；而且农业技术推广与应用程度仍非常有限，农业生产的技术服务水平亟待提高。另一方面，公共资源分配长期向城市倾斜，投入农村的比重偏低，农民在二次分配中没有充分享受到社会发展带来的成果。在很长一段时间里，投入农业的国家财政在财政总支出中所占的比重呈波动性下降趋势，且财政农业投入的"非农化"现象比较突出，其中相当一部分是用于全社会受益的工程。同时，在用于社会事业发展的国家财政预算中，划拨给农村的比例较低，对教育、医疗、文化等方面的资源投入，无论在数量上还是在质量上，农村居民最终能够享受到的均明显低于城镇居民。

5. 农村社会保障体系不完善是造成农村贫困的又一重要因素

当前我国农村社会保障制度对维护农村社会稳定、保障农民基本生活发挥了重要作用，但从总体上看，农村社会保障体系建设还不完善，主要表现在：其一，保障覆盖范围小，保障水平较低。无论是农村低保、五保供养、医疗，还是扶贫、教育方面，还有部分应该享受的农民没有享受到或者仅享受到较少的相关待遇；同时，由于农村经济发展水平较低、农民可支配性的收入较少，在国家投入有限的情况下，农村社会保障水平普遍偏低。其二，保障资金来源有限。由于我国中央政府财政投入较少，加之许多地方财政紧张以及集体经济萎缩，致使农村社会保障资金十分短缺；而且长期以来农民经济收入普遍较低，保障资金的筹集更加困难，从而影响了社会保障政策的顺利运行。其三，在管理上不够科学化和规范化。从管理机构来看，农村低保和五保供养由民政部门管理，医疗保障由卫生部门管理，教育救助由教育部门管理，等等，这就形成了"多龙治水"的管理格局，导致办事效率低下，重复保障和保障缺位的情况并不少见。从保障资金的管理来看，由于缺乏有效的监督制度与措施，在实际工作中，对资金的使用随意性较大，容易造成保障资金使用浪费，甚至出现保障资金被挤占、挪用和贪污的现象。其四，农村社会保障法制不健全。我国目前还尚未出台统一的社会保障专门法规，社会保障性条款只是散落于相关的法律之中，并且其操作性不强，许多规定与实施办法主要是通过各种政策文件进行发布，缺乏法律权威性与制度刚性，降低了农村社会保障的实施成效。

基于以上分析，笔者认为，当前我国大多数农村贫困人口的致贫原因主要是来自于社会方面，因此，对贫困农民的救助是国家不可推卸的职责所在，国家作为农村社会救助的责任主体，应该充分利用社会转型这个有利时机不断完善农村社会救助的各项政策，积极推动农村社会救助事业的健康发展。

第三章 中国农村社会救助政策的实践与评析

社会转型给中国带来的影响是多方面的、深刻的。面对农村贫困的新形势，中国传统的农村社会救助政策呈现出明显的局限性，亟待加以改进和制度转型。我们知道，相对于转型前的农村社会救助政策，当前正处于转型期的农村社会救助政策首先表现为发展性。而在分析农村社会救助政策的发展性之前，我们应当对社会救助政策的影响因素进行分析。

在影响社会政策的诸多因素中，社会因素一直处于基础性的地位，社会问题的变化是社会政策改革的直接原因。就社会救助政策而言，在市场经济转轨的过程中，农村贫困人口的规模、构成和致贫原因等方面表现出了有别于计划经济时期的新特点。传统农村社会救助政策在解决新问题时存在许多弊端。作为社会救助政策存在基础因素，农村贫困问题的变化是影响社会救助政策改革与发展的直接原因。此外，农村社会救助政策的变革也与其自身的发展规律紧密相连。农村社会救助政策的发展历程已经证实，社会救助有其自身的变化与发展规律，如救助的思想理念由慈悯性转向权利性，救助对象的认定由身份性转向平等性，救助标准的确定由维持基本生活性转向发展性。新时期对农村社会救助制度的改革与发展，是对传统农村社会救助制度的重大变革，目的在于适应社会转型和经济发展的客观需要。

就农村社会救助政策体系而言，我国现行的农村社会救助政策包括农村最低生活保障、扶贫开发、五保供养、新型农村合作医疗、教育救助、住房救助、法律援助等一系列制度和政策。其中，农村最低生活保障制度是国家对农村贫困居民制定和实施的核心制度，在整个农村社会救助政策体系中居于基础性地位，其他的救助政策以扶贫开发、五保供养、新型农村合作医疗、教育救助等最为重要。由于各地区的具体情况不同，农村社会救助政策的实施项目和状况也有很大区别，此处是从国家层面介绍的。

我们以合肥市一个3口农家的低保户为例：2011年合肥市城区农村低保标准为320元/人/月，其家庭月保障额即为320×3=960元。同时还可申请享受子女教育救助、医疗救助、法律援助等各项保护政策。若该家庭月收入为500元，则政府给予每月460元的差额补贴；若月收入为1000元，即超过低保标准，则不能享受低保待遇，而且也不能享受其他救助政策。以下我们主要对农村最低生活保障、扶贫开发、五保供养、新型农村合作医疗和教育救助五项政策的实践情况进行探讨与评析。

第一节 农村最低生活保障制度

农村最低生活保障制度，简称"农村低保制度"，是在传统农村社会救济工作的基础上发展起来的，为保障收入难以维持最基本生活的农村贫困人口而建立的一种社会救助制度，是保障农村人口的基本生存权利、维护社会公平和社会稳定的根本措施。其根本目标在于克服现实中的贫困，帮助农村社会成员达到基本的生活水平。温家宝在2008年的政府工作报告中强调："要健全社会救助体系，重点完善城乡居民最低生活保障制度，建立与经济增长和物价水平相适应的救助标准调整机制。"农村最低生活保障制度在整个社会救助体系中占有非常重要的地位。

一 农村最低生活保障制度的发展演变

农村最低生活保障制度的建立与发展显示出我国农村社会救助政策的上升性与进步性，是我国农村社会救助政策转型的重要标志。表3-1列出了在农村低保制度形成与发展过程中出现的重要事件，并将农村低保制度的发展过程划分为三个阶段，对每一阶段的主要任务和主要成就进行了归纳与总结。

表 3-1　　我国农村最低生活保障制度的建立与发展

阶段	时间	主要任务	重要事件	主要成就
试点与探索阶段	1994—2001年	积极探索农村低保制度	①1994年山西省阳泉市率先开展建立社会保障制度的试点。②1994年民政部在第10次全国民政工作会议上决定进一步扩大建立农村低保制度的试点范围，试点区域包括山西、山东、浙江、河南、河北、湖南和广东等省。③1995年广西武鸣县发布的《农村最低生活保障线救济暂行办法》，成为我国第一个县级农村低保制度文件。④1996年全国民政厅局长会议第一次明确提出进行农村社会救济制度改革，积极探索建立农村低保制度；并印发了《关于加快农村社会保障体系建设的意见》和《农村社会保障体系建设指导方案》；确定山东烟台市、河北平泉市、四川彭州市和甘肃永昌县为农村社会保障体系建设的试点县市	从1997年开始，部分有条件的省市已逐步建立农村低保制度；到2001年年底，已有河北、广西、山东、广东、浙江、江苏等16个省、直辖市、自治区全部建立了农村低保制度；全国共有2037个县建立了农村居民最低生活保障制度，占全国县（市）总数的81%
推广阶段	2002—2007年	农村低保制度的全面推广	①2002年党的十六大提出"有条件的地区探索建立农村低保制度"。②2004年中央1号文件提出，有条件的地方要探索建立农村低保制度。③2005年中央1号文件提出，有条件的地方要积极探索建立农村低保制度。④2006年中央农村工作会议要求，积极探索建立覆盖城乡居民的社会保障体系，在全国范围建立农村低保制度。⑤2007年中央1号文件明确提出，在全国范围建立农村低保制度，这标志着建立农村低保制度进入全面推进的新阶段。⑥2007年5月，国务院召开常务会议决定，在全国范围建立农村低保制度；建立农村低保制度实行属地管理，以地方政府为主，中央财政对经济困难地区予以适当补助。⑦2007年7月，国务院颁发了《关于在全国建立农村最低生活保障制度的通知》	到2007年年底，全国31个省（自治区、直辖市），2777个涉农县（市、区）已全部实施了农村低保制度，农村低保人数达3566.3万人，平均低保标准70元/人/月，全年共发放农村低保资金109.1亿元。我国城乡统筹的低保体系已基本形成，"全民低保"步入攻坚时期

续表

阶段	时间	主要任务	重要事件	主要成就
完善阶段	2008年至今	完善低保制度与规范低保工作	各地不断完善农村低保政策、规章和实施细则	到2010年年底,全国共有农村低保对象5214万人,平均低保标准117元/人/月,全年共发放资金445亿元;基本实现应保尽保

资料来源:根据相关政策文件整理而成。

农村最低生活保障制度是保障农村贫困人口基本生活的新型社会救助制度,与传统的农村社会救助制度相比,在管理上更具规范性。传统的社会救助制度没有相应的操作约束程序,工作人员的主观意识较浓厚,自主裁量权较大。最低生活保障制度则在严谨的家庭收入调查基础上,对认定救助对象、审批救助申请、发放救助资金、动态管理以及申诉与核查等方面都做了严格的规定,从而杜绝了随意性,体现了规范性。农村最低生活保障制度的建立不仅能有效克服传统农村救助制度在管理上存在的弊端,还能进一步加强和完善农村社会救助制度,是农村社会救助制度改革和发展的必由之路。

就合肥市的农村低保制度而言,2007年《合肥市农村居民最低生活保障暂行办法》的制定与实施,标志着合肥市农村低保制度开始启动实施。当年合肥市辖区的3个县把年人均纯收入低于683元的农村居民纳入农村低保,补助标准为年人均280元;将城区农村年人均纯收入低于800元的农村居民纳入农村低保,补助标准为年人均300元。2009年3县不低于1000元,城区农村不低于1200元。2010年11月全市享受农村低保的有107000人,并实现了城区范围内城乡低保一体化。2011年合肥市城区农村低保标准已提高到3840元/人/年,3县农村低保标准也提高到1200元/人/年。该市实施农村低保所需的资金分别由省、市、县(区)财政共同负担,其中省定标准部分由省、县(区)财政按7:3比例负担,省定标准超出部分低保对象所需资金,由市与县按照1:1比例负担;市提标部分由市与县按照7:3比例负担,市与区按1:1比例负担。经过几年的努力,目前合肥市农村低保制度已经形成了"0123,低进高出"[①] 的工作模式。

二 农村最低生活保障制度的重要意义

随着我国构建和谐社会与建设新农村进程的不断加快,农村公共物品供给日益增加,农村低保人数和保障资金也逐年提高(见表3-2)。农村低保制度事实上已经成为整个农村社会救助制度体系中最为重要的制度安排。

表3-2 　　　　　　2007—2010年农村最低生活保障状况

指标	2007年	2008年	2009年	2010年
保障人数(万人)	3566.3	4305.5	4760.0	5214.0
月人均标准(元)	70.00	82.30	100.84	117.00

资料来源:民政部2007—2010年民政事业发展统计报告。

(一)有助于保障农民的基本生存权利,缓解农村贫困人口的生活困难

我国《宪法》明确规定:"中华人民共和国公民在年老、疾病或者丧失劳动能力的情况下,有从国家和社会获得物质帮助的权利。"作为中华人民共和国的公民,农民应当充分享有基本生存的权利,而政府理应具有保障这种权利得以实现的责任。同时,我国实行的社会主义制度,社会主义应该比资本主义更讲人道主义和人权,讲人权首先就是人的生存权利,不能保障人的生存,其他一切人权都无从谈起。当前,我国农村贫困尤其是农村绝对贫困是对农民生存权的最大威胁,以保障贫困农民最低生活需求为目标的农村最低生活保障制度实质上就是一条保障特困农民生存的"生命线"。而且,我国农村的贫困问题在相当长的时期内都是一个比较

---

① "0123"是指各级低保管理机构对"关系保、人情救"始终保持零容忍的高压态势,有报必查;追求一个工作目标:保得准,救得及时;守住两条线,最低生活保障线和老百姓心中的公平线;用好三大法宝,一是制度设计严谨合理,二是操作程序公开透明,三是保障结果公平公正。"低进高出"的"低"就是在一个村或一个社区,没有享受低保的家庭,生活水平不能低于已享受低保家庭,如果出现了,必须进入低保;"低进高出"的"高"就是已享受低保的家庭,生活水平不能高于未保户,如果出现了,就必须予以清退。

严峻的社会问题。① 截至 2010 年年底,全国农村贫困人口为 2688 万人,占农村总人口的 2.8%②,而且在 2011 年 11 月国家将贫困标准由 2010 年的 1274 元提高到 2300 元,以新的标准计算,我国贫困人口将大幅增加。值得注意的是,不少脱困户只是刚刚解决温饱问题,其收入仍然很低,面对风险冲击的抵御能力非常脆弱,往往由于各种原因陷入返贫状态。因此,建立健全农村最低生活保障制度,对于缓解农村贫困人口的生活困难和保障农村居民基本生存权利具有重要作用。

(二) 有助于规范农村社会救助政策,完善农村社会保障制度

中国农村社会救助政策除了农村低保制度,还包括五保供养、医疗救助、教育救助和扶贫政策等,存在着"救助政策较多、救助对象重叠、救助资金分散、救助水平不一"等诸多问题,社会救助名目繁多且不能相互衔接与协调统一,使救助资金没能真正发挥作用,救助功效低下,救助对象缺乏安全感。农村最低生活保障制度的实施,有利于制定与完善有关规章制度,加强对农村救助工作的规范管理,促使农村救助工作逐步迈入科学化与制度化的轨道,从而有助于农村救助政策与措施充分发挥生活救助功能。另外,"健全农村社会保障制度,当前最为迫切的任务就是要进一步完善农村低保制度"。③ 由于目前我国农村社会保障制度的发展还处于起步阶段,最主要的任务就是解决农村居民"生有所靠、老有所养、病有所医"的问题,即科学制定和有效实施农村最低生活保障、农村社会养老保险、农村合作医疗三种保障制度。④ 当前农村社会保障制度建设的重中之重是社会救助制度,尤其是其中的最低生活保障制度。因为在农村社会保障制度体系中,养老保险和医疗保障,都要以一定的社会经济条件为基础,农民只有在解决温饱问题后才有可能进行投保;而农村最低生活保障制度是农村社会保障制度体系中最低层次的保障,是"最后一道安全网",只有优先建设农村最低生活保障制度,才能筑牢农村社会保障

---

① 理论网:《建立农村最低生活保障制度的意义》,http://www.cntheory.com/news/Lljs/2008/1028/081028133442HD7HII4498D0G735JJG0.html。
② 中国新闻网:《〈中国农村扶贫开发的新进展〉白皮书》,http://www.chinanews.com/gn/2011/11-16/3464433.shtml。
③ 张敏:《完善农村最低生活保障制度的新思考》,《经济问题探索》2011 年第 5 期,第 135 页。
④ 理论网:《建立农村最低生活保障制度的意义》,http://www.cntheory.com/news/Lljs/2008/1028/081028133442HD7HII4498D0G735JJG0.html。

制度体系的基础。

（三）有助于解决"三农"问题，促进农村社会和谐稳定

解决"三农"问题是我国社会主义现代化建设的关键所在，是全党全国各项事业中的重大任务。近年来，国家采取了一系列强农惠农的重要措施，提出了建设社会主义新农村的战略目标，取得了农村持续发展、农业持续增效、农民持续增收的显著成效。但由于农业本身就面临着自然风险和市场风险双重影响，再加上其他不利因素，使得我国农村农业总体上仍处于艰难的爬坡阶段，农民的生产生活和稳定增收依然具有很多困难。这种情形不仅促使城乡差距进一步拉大，而且导致农村社会不和谐因素明显增多，从而影响到农村社会的稳定发展。建立健全农村低保制度，加大对农村贫困救助的财政投入，是"工业反哺农业、城市支持农村"和"多予、少取、放活，重点在多予上下功夫"政策的现实选择和具体体现，有利于树立党和政府的良好形象、密切农村党群、干群关系，进一步增强凝聚力与向心力；有利于解除农民的后顾之忧，改善他们的生活条件，激发生产积极性；有利于缩小贫富差距，缓解社会矛盾，促进农村和谐稳定。建立农村最低生活保障制度，是我国继全面取消农业税等多项惠农政策之后的又一项重要举措。

（四）有助于消除城乡二元结构，维护社会公平公正

新中国成立后，由于长期实行农业支持工业、工农产品"剪刀差"的政策，使得我国呈现出巨大的城乡差距。虽然近年来国家通过采取一系列发展农业的政策措施，有力地推动了农村经济的发展，农民的收入也不断增加，但是城乡居民收入差距仍然在扩大。在社会保障方面，我国城乡差距更为明显，有的地方甚至超过了经济发展的差距。而有着收入分配调节作用的国家财政支出政策往往倾向于城市居民的社会保障，农民在社会保障体系中则处于边缘地位，这更加拉大了城乡居民的贫富差距。在城乡基本社会保障制度中，不管是最低生活保障，还是养老保险和医疗保障，城乡居民在待遇水平上均处于很不均等的状态。[①] 据2010年第四季度民政部公布的数据，城镇居民低保的平均标准为251.2元/人/月，而同期农村居民低保的平均标准为117元/人/月，两者相差2.15倍。广大农民为

---

① 理论网：《建立农村最低生活保障制度的意义》，http：//www.cntheory.com/news/Lljs/2008/1028/081028133442HD7HII4498D0G735JJG0.html。

国家经济建设作出了巨大贡献，理应分享到经济社会发展所带来的利益，但他们却很少从中分享到实际的成果，出现了一种权利与义务严重失衡的状况。所以，在全国农村建立和实施最低生活保障制度，既能让农民共享社会发展的成果，促进城乡二元结构的消除和社会体系的整合，又能在一定程度上提高农民的待遇与地位，维护社会的公平与公正。

三 农村最低生活保障制度存在的主要问题及反思

自2007年国务院颁发《关于在全国建立农村最低生活保障制度的通知》以来，我国农村低保制度发展迅速，操作程序日趋规范，覆盖范围不断扩大，惠及农户逐步增多，救助标准逐年提高，充分体现了政府对农村贫困居民的深切关心。但由于该项制度的建立与实施时间较短，在制度的设计和运行中还存在着许多问题。

（一）农村最低生活保障制度存在的主要问题及原因

1. 农村低保资金严重短缺

资金是最低生活保障制度运行的物质基础和可靠保证，资金问题是制约农村居民最低生活保障工作有效开展的关键问题。就目前而言，尽管全国各地已普遍将低保资金列入政府财政预算，由各级财政按比例统一负担，但由于缺乏相应的法律依据和约束手段，有些地方的部分低保资金难以落实，甚至出现列而少支、列而不支的现象。其主要原因有：在主观层面上，部分基层政府部门没有充分认识到农村低保工作的重要性，低保资金时常被挤占、挪用；在客观层面上，农村低保资金主要依靠财政投入，资金来源渠道单一。而在许多欠发达地区由于财政困难，"吃饭财政"的格局很难在短期内改变，也就无力为农村最低生活保障工作提供充足的资金支持；并且欠发达地区农村贫困人口的数量较多，更使得农村最低生活保障资金处于"僧多粥少"的局面。事实上，经济发展越是不好的地方，农村居民的生活越贫困，开展最低生活保障工作的意义就越重大。总之，农村最低生活保障资金供需矛盾突出、资金严重不足，是影响农村最低生活保障工作整体推进的一个客观问题。

2. 低保对象难以准确识别

当前，农村低保对象通常要经过村、乡、县（区）三级确定。就合肥市而言，首先由个人向村民委员会提出低保申请，在核实情况后提交村民委员会讨论通过，再交乡级人民政府审定，最后报请县级民政局批准。在实际认定过程中，各级民政部门主要是以"农民人均纯收入"低于当地政府划定的最低生活保障线标准为尺度来确定的。关于农村低保对象的界定问题，在合肥市D县C镇从事民政工作的薛先生谈道："在认定农村低保对象时，首先要核算申请者家庭的人均纯收入，但在操作中存在较大的困难，一方面是因为无法完全用货币化形式计算农民农业收入；另一方面是因为无法准确计算农民外出务工收入或者临时性收入。另外，还存在人情保、关系保的现象。"（个案访谈3 薛先生）这种情况造成在确定低保对象的工作中，会带有一定的主观性和片面性，难以客观、全面、准确地将应保人员完全纳入其中，将不应享受低保人员完全排除在外，从而使制度的有效性和公信力有所下降。同时，以"农民人均纯收入"来认定农村低保对象的办法，还存在程序复杂、项目繁多、计算烦琐等较多问题，这也会导致低保对象的入口关难以把握，影响了农村最低生活保障制度在现实中的运行效果。

3. 农村低保标准偏低

由于我国地区间的经济发展水平不平衡，与经济发展水平相联系的农村最低生活保障标准在地区间也呈现出较大的差异。东部沿海地区经济发达、政府财力雄厚，农村低保力度相对较大、水平较高，而广大中西部地区，受经济条件限制，农村低保力度较小、标准较低，有些地方甚至由于资金短缺还没有正式开展农村低保工作。同时，农村低保标准与城市相比也有较大差距。从民政部公布的数据来看，2009年全国城市低保平均标准为227.75元/人/月，保障水平为172元/人/月；而同期2009年全国农村低保平均标准为100.84元/人/月，保障水平为68元/人/月。① 这样的保障标准不足以解决农村低保对象的基本生活问题，尤其在当前的物价水平之下，更加难以帮助农村困难人群摆脱生活窘境。从低保制度的设计目标来看，保障标准应当能够解决贫困人口的基本生存问题，能够满足他们的衣食保障与基本交往等需求。但目前的农村低保标准仅处在食物保障层面，并且许多地方在制定低保标准时，由于受到当地财政状况的限制，基本上是在农村特困户救助标准的基础上，结合当地生活水平和政府财政状况来进行确定的，比较普遍的方式是"以钱定人"，这种状况也导致了农村最低生活保障标准明显偏低。

---

① 资料来源于民政部2009年民政事业发展统计报告。

4. 低保退出机制相对滞后

最低生活保障制度的救助对象是生活水平处于贫困线以下的贫困人口，一旦受助者的家庭人均收入超过低保线就应当及时退出低保体系。农村低保退出机制是农村低保制度的重要组成部分，其根本思路在于"扶贫不养懒"，使受助者通过努力达到社会所认可的平均生活状态，做到合理及时的退出，以维护农村低保制度的公平公正和健康发展。但目前我国农村低保退出机制发展相对滞后，许多地区出现了"进低保难、退出低保更难"的问题。一方面，核定农村家庭收入是裁定救助对象退出农村低保体系的一个重要程序，但由于核定农村家庭收入是一个非常棘手的问题，致使不能及时取消受助者享受低保的资格。另一方面，由于救助对象动态管理效率低，导致应该退出制度的受助者没能及时退出，保障待遇需要调整时不能及时调整。在实际工作中，还存在"合户保"、"分户保"、"一户保一人"、"轮流坐庄"、"平均发放"等许多不规范现象，违反了低保制度设计的初衷。由于退出低保制度的实施十分困难，新出现的贫困农民唯有通过扩大制度的覆盖面而受益，如此必将造成"制度扩面无止境、保障人口无边界"的局面。

5. 低保工作缺乏法律保障和组织保证

在社会保障的法律法规建设方面，农村远落后于城市。1999年9月出台的《城市居民最低生活保障条例》，使得城市居民的基本生活权利以立法的形式受到保障；但我国目前尚无一部专门规范农村低保工作的全国性的法律法规，多为地方性法规和行政法规。法律层次较低，强制约束性较差，这是产生农村低保标准低、覆盖面窄、地方差距及城乡差距大的重要原因。尽管在2007年国务院发布了《关于在全国建立农村最低生活保障制度的通知》，农村低保工作比过去有了明显进步，一些经济发达的地区正逐步进入规范化和制度化的轨道，但从整体来看，依然没有超越行政指导的范畴，没有从立法的角度来维护农民作为国家公民应当享有的受保障权利，造成我国农村低保工作长期处于无法可依的尴尬状态。在农村低保工作的组织建设方面，社会救助组织体系混乱，部门相互分割，资金管理制度不完善，资金使用效率低下。例如，低保户救助和五保户供养由民政部门负责，扶贫开发由扶贫办负责，教育救助由教育部门负责等，其他如工会、残联、妇工委、团中央、卫生部门等也有不同程度的参与。可见，社会救助管理在我国农村还处于一种分散管理的格局。尤其值得注意的是，许多市、县民政局没有设立专门的低保科，而是由救灾救济科来负责低保工作，由于人手有限，很难保证低保制度落实的客观性、时效性和公正性。

（二）农村最低生活保障制度的改进措施

针对当前农村最低生活保障制度在运行中存在的一些问题，需通过一系列有效措施来加以完善。

1. 加快农村低保制度的立法与配套改革

农村最低生活保障制度是一项非常重要的社会救助制度，是对传统救灾救济工作的变革与发展。为了避免农村低保工作的主观随意性，使低保工作进入规范化轨道，尽快进行低保制度的立法与配套改革尤为重要。一是抓紧制定社会保障立法体系。由于我国当前还没有农村社会保障基本法，因此应把制定社会保障基本法放在首位。主要内容包括社会保障的对象、范围和实施，基金的筹集与管理，机构的设置，公民享受社会保障的基本程序，对侵害公民社会保障权利行为的处置等。二是尽快建立健全农村最低生活保障具体项目的规章制度。主要内容为保障对象、范围和方式，机构的设置及其职责，保障对象的家庭收入核算，保障金的申请与审批程序，保障金的发放和变更，保障金的筹集与管理等。三是加快地方立法并完善实施细则。在农村社会保障基本法颁布之前，应该用地方法来规范农村低保工作；即使基本法实施后，各地也可依据基本法的精神，结合当地具体实际，制定出适合本地情况的实施细则和地方法规。在加快对农村低保工作进行立法的同时，还必须要提高低保工作人员的素质，定期组织他们进行相关理论培训，努力提高其工作质量和业务水平，以保证农村低保工作的顺利执行。

2. 建立多元化的农村低保筹资机制

鉴于当前仅靠国家财政还无法有效解决农村低保资金短缺的现状，要完成"应保尽保、应补尽补"的目标任务，应尽快建立以政府财政投入为主、社会公众广泛参与的多元化农村低保筹资机制，以切实解决农村低保资金的短缺问题，多管齐下提高救助水平与效果。因此，在加大财政转移支付力度、合理调整各级财政支出结构的同时，还应该充分挖掘民间力量，提倡和鼓励社会各界参与救助，广泛开辟资金筹措渠道。一是加大宣传力度，广泛寻求社会捐赠。在全国乃至地方建立最低生活保障社会捐赠委员会或者捐赠基金会，向社会公众大力宣传农村最低生活保障制度，广泛寻求社会捐赠资金。① 二是开征社会保障税。基于城乡贫富差距拉大的事实，可通过向高收入人群开征社会保障税来统筹城乡保障资金，并把税收的一部分划定为农村最低生活保障资金，使城乡居民共同负担起农村贫困人群基本生活保障的部分责任。三是发展公益慈善事业。动员和鼓励社会力量，通过发行福利彩票、有奖募捐等形式的社会福利活动来筹措保障资金。作为一项有意义的公益事业和慈善事业活动，彩票业在我国已经被社会普遍自愿接受，且有巨大发展潜力，可作为最低生活保障资金的重要补充来源。在此基础上，应科学整合农村低保资金、扶贫资金、医疗救助资金等项目的筹集与使用，统筹兼顾，合理规划，提高资金使用效率；同时，要加强对农村低保资金支出的检查与监督，避免资金被挤占挪用和贪污浪费。

3. 完善农村低保对象的甄别机制

首先，要科学核算低保申请者的家庭收入。农村低保制度是以全体农村贫困人口为保障对象的，而如何核算低保申请者的家庭收入，是界定低保对象及其补助标准的一大难题。农村居民的家庭收入包括种植、养殖、外出务工等纯收入和接受的扶（抚、赡）养费用等。鉴于农村家庭经营项目繁多，在核算家庭收入时，应坚持"宜粗不宜细"的原则，首先制定一个合理而简明的量化标准，比如粮食作物的亩产量、扶养费的支出比例等；然后根据当地的实际情况进行分类计算。同时，应该计算家庭的纯收入，如种植收入的计算，应以总收入减去在种植过程中的投入费用，从而得出家庭的种植业实际收入。其次，在低保对象的界定上，要本着评审程序化和公开化的原则，严格履行"村级评议、乡级审核、县级民政部门审批、省级监督"的程序，有效排除非贫困因素的干扰，同时各级评审结果都必须及时在乡、村两级公示，留出时间给其他村民进行监督和提出异议，省级政府部门的监督可采取不定点抽查的方式进行，保证结果的准确性和公平性。最后，要注重分析贫困形成的原因。"重点对那些农村'三无'人员和由于恶性重病、意外事故或自然灾害等造成生活水平低于最低生活保障线的群体实施保障"；② 对尚有一定经济收入，但其家庭人均年收入低于当地最低生活保障线的人员，实行差额补

---

① 崔义中、赵可嘉：《完善我国农村最低生活保障制度的若干思考》，《中州学刊》2010 年第 2 期，第 144 页。
② 王宇涛：《建立农村最低生活保障制度的探索》，《特区经济》2008 年第 9 期。

助；而对那些因为游手好闲、奢侈浪费或超计划生育造成生活困难的，则不予保障。

4. 合理提高农村低保标准

农村最低生活保障制度能否充分发挥其应有的功能，关键在于能否合理制定保障标准。农村最低生活保障制度是以保障农村全体贫困居民的基本生活和生存权利为根本目标的，在制定保障标准时，应主要考虑四个因素：第一，维持基本生活的最低费用。即农民维持基本生活所必需消费的物品和服务的最低费用，主要包括两个部分，一是最低食品支出的费用，二是最低的穿衣、住房、交通、用品、燃料等各种生活必需品支出，以及医疗、教育、娱乐、服务等各项非食品支出的费用。第二，家庭人均纯收入。如果家庭人均纯收入低于居民维持基本生活的最低费用，则表明该居民生活在贫困状态，是政府救助的对象。第三，地区财政的承受能力。对贫困人群进行生活救助是地方政府义不容辞的责任，保障标准的制定不能超过政府财政的承受能力。第四，当地的物价水平。衡量农村居民收入要考虑物价上涨的因素，保障标准的制定也要随着当地物价的变化及时做相应的调整。保障标准由县以上各级地方政府根据本地区农村的具体实际自行制定，一般应不低于国家每年公布的贫困线标准，并随着经济社会发展适时相应提高。

5. 健全农村低保退出机制

建立健全低保退出机制，可以让有限的救助资源得到更充分的利用，使农村最低生活保障制度在运行中充分发挥其应有的功效。农村低保退出机制是一个有机的综合体系，就目前而言，完善这一机制除了要科学核算低保对象的收入变化之外，还要做好三个方面的工作：第一，建立分类救助模式。根据贫困的不同程度和贫困的形成原因，将农村低保对象分为"全额补助对象"、"差额补助对象"和"不予补助对象"，有差别性地进行救助。第二，建立脱贫扶助体系。应在政府和相关社会机构的引导和帮助下，从多方面培养低保群体自立自救的能力：一是支持低保对象调整农业产业结构、发展多种经营；二是对低保对象进行农业生产技术专项培训，帮助其科技致富；三是加强文化扶贫，通过开展丰富多彩的文艺活动，借助大众传媒、图书等文化载体对受保人员进行思想教育，激励他们乐观向上与自立自强。① 第三，加强村级监督。由于农村低保对象人数众多且分布分散，低保管理部门无法对所有低保人员进行及时、全面的管理，因此，需加强村级监督：一是建立低保公示制度，发挥村民的信息反馈与监督作用。二是实行低保义务监督员制度，加强对低保工作的申请、公示、审批、资金发放等程序的监督，对低保工作提供信息和参考意见等。通过完善农村低保退出机制，促使社会资源的有效利用最大化，更好地保障农村贫困居民的基本生活和生存权利，维护社会公平与公正。

以上我们从五个方面分析总结了我国农村低保制度在实际运行中存在的主要问题，并提出了相应的改进措施。此外，在农村低保制度的具体实践中，还面临着其他一些问题，比如补助方式简单化、低保对象收入监控不规范、低保制度与其他制度未能实现有效衔接等，这些问题也影响着低保制度的实际运行成效，需要我们通过有效的途径来认真调整和改进，以促进我国农村低保制度更加完善。

第二节 农村扶贫开发政策

农村扶贫开发是一种以经济效益为前提，以贫困农村的综合发展为内容，以农村贫困人口的发展为核心的社会积极变迁。② 我国的扶贫开发工作可以分为两个部分：一是"大扶贫"，即对老、少、边、穷地区实行财政支持与政策倾向，以使其实现脱贫致富；二是"小扶贫"，即"根据贫困户的家庭状况及脱贫能力，国家和集体有计划地在物资款项、政策上给予照顾，使他们在国家、集体和群众的扶持下，通过自力更生、发展生产、增加收入，提高生活水平，在一定期间内摆脱贫困"。其对象为"由于主要劳动力死亡、病残、呆痴和遭受意外不幸事故，以及劳力少，人口多造成生活困难不能维持基本生活的农户"。③"大扶贫"的对象是贫困地

---

① 肖云、吴国举、刘慧：《农村最低生活保障退出机制构建研究》，《西北人口》2009 年第 4 期。

② 陈成文、胡书芝等著：《社会救助与建设和谐社会》，湖南师范大学出版社 2007 年版，第 341 页。

③ 卫兴华主编：《中国社会保障制度研究》，中国人民大学出版社 1994 年版，第 277、278 页。

区,"小扶贫"的对象是贫困户。

扶贫开发与其他贫困救助的差别在于:一是扶贫是从发展生产入手,是一种治本措施,而其他救助以治标为主,消除贫困现象;二是扶贫是主动地、有计划地帮助贫困地区摆脱贫困的行为,而其他救助是一种被动的补助行为;三是扶贫是从思想、意志、财力、物力、文化、教育、技术等多方面给予支持,而其他救助主要是着眼于眼前的基本生活保障,解决燃眉之急。扶贫与其他救助并不相互排斥,贫困户在参与扶贫项目的同时,仍然可以享受其他社会救助。[①]

一 农村扶贫开发政策的历史发展

自新中国成立以来,我国政府一直致力于消除贫困、发展生产的工作,但真正意义上的农村扶贫开发政策,是在改革开放以后才被提出并大规模组织实施的。从1978年起,我国农村扶贫开发政策30多年的发展历程大致可以分为以下四个阶段。

(一) 体制改革救济型扶贫阶段(1978—1985年)

根据国家统计局在1978年确定的贫困标准统计,当时我国农村贫困人口为2.5亿人,占农村总人口的30.7%,占全国总人口的25.97%。农村大范围贫困的原因是多方面的,但主要是由于农业经营体制不再适应生产力发展的需要,致使农民生产积极性低下。因此,农村经济体制改革就成为缓解农村贫困的主要途径。首先是1978年开始的土地经营制度变革,即取消人民公社的集体经营制度,推行家庭承包经营制度。这一变革极大地激发了农民的生产积极性,农村生产力发展水平得到了明显提高,农民生活状况大为改观。1978—1985年,农村居民人均纯收入从133.6元上升到397.6元,年均增长率接近17%;农村绝对贫困人口由2.5亿人下降到1.25亿人左右,年均减少1786万人;贫困发生率也由30.7%下降到14.8%。[②] 农村贫困开发政策取得了显著成效。

(二) 区域型扶贫阶段(1986—1993年)

随着社会经济的不断发展,农村发展的区域性不平衡问题逐渐凸显,少数地区由于自然条件、地理位置、经济基础、历史状况等因素的制约,与其他地区的发展,特别是与东部沿海地区的发展差距逐步扩大,贫困人

---

① 林莉红、孔繁华:《社会救助法研究》,法律出版社2008年版,第386页。
② 国家统计局:《中国统计摘要》,中国统计出版社2005年版,第104页。

口呈现出明显的区域性分布的特点,主要集中在"老、少、边、穷"地区,其中有相当一部分农民的经济收入不能维持其基本生活需要。为了进一步加大扶贫力度,1986年5月,国务院成立了专门的扶贫机构——国务院贫困地区经济开发领导小组[1],使农村扶贫工作进入机构化、规范化和制度化的轨道。1986年,国务院选定了331个国家级贫困县,各省(区)选定了368个省级贫困县,并制定了扶持标准,安排了专项资金。另外,国务院还选定了18个连片开发的集中贫困区域,出台了专门的优惠政策,通过建设基础设施和培育特色产业,以增强其自身发展能力[2],形成"造血"机制。截至1993年年底,国家重点贫困县的农民人均纯收入从206元增加到483.7元,年增长率约13%。全国没有解决温饱的农村绝对贫困人口由1.25亿人减少到近8000万人,年均减少640万人,贫困发生率由14.8%进一步降至8.7%。[3]

(三) 攻坚型扶贫阶段(1994—2000年)

20世纪90年代中期,农村贫困人口逐年减少,贫困人口分布进一步呈现明显的地缘性特征,主要分布在中西部的秦巴山区(地况落差大、缺乏耕地、交通落后)、西南大石山区(缺土)、西北黄土高原区(严重缺水)、青藏高寒区(严重缺乏积温)以及水库库区等自然条件恶劣的地区。由于农村经济体制改革对于这些区域贫困居民的带动效应趋于弱化,势必采取更具针对性的攻坚政策。国务院颁发的《国家八七扶贫攻坚计划(1994—2000年)》明确提出,要进一步加大扶贫开发力度,积极动员社会各界力量,到2000年年底基本解决农村8000万贫困人口的温饱问题,这标志着我国农村的扶贫开发进入最困难的攻坚阶段。这一时期,中央政府投入了大量的扶贫资金,并制定和实施了多项扶贫措施。经过7年的不懈努力,我国的扶贫开发工作取得了显著成效。到2000年年底,贫困地区通电、通路、通邮和通电话的行政村分别达到95.5%、89%、69%和67.7%。农村绝对贫困人口从8000万人减少到3000万人,贫困发

---

[1] 1993年国务院贫困地区经济开发领导小组更名为国务院扶贫开发领导小组。
[2] 刘娟:《我国农村扶贫开发的回顾、成效与创新》,《探索》2009年第4期。
[3] 王朝明:《中国农村30年开发式扶贫:政策实践与理论反思》,《贵州财经学院学报》2008年第6期。

生率从 8.7% 下降到 3%[①],基本解决了农村贫困人口的温饱问题。

(四) 综合型扶贫开发阶段 (2001 年至今)

2001 年以后,我国农村的贫困人群大致分为两类:一是尚未解决温饱的贫困人口,虽然为数较少,但解决难度很大;二是许多初步解决温饱问题的低收入群体,往往因遭受自然灾害而重新返贫。在 2001—2003 年的 3 年间,贫困人口的数量分别为 2970 万人、2820 万人、2900 万人。绝对贫困人口在 3000 万左右,贫困发生率在 3% 左右。[②] 如何解决这些人口的温饱与脱贫问题,成为建设农村小康社会的重点和难点。2001 年 5 月召开的中央扶贫开发工作会议,全面部署了今后 10 年的扶贫开发工作。同年 6 月 13 日,国务院颁发的《中国农村扶贫开发纲要 (2001—2010 年)》明确提出,要切实巩固扶贫成果,尽快解决农村剩余贫困人口的基本生活问题,促进贫困地区的经济、社会和文化发展。以此为标志,我国步入综合型扶贫开发阶段。这一时期,农村扶贫开发工作的主要特征是:在坚持以往行之有效的政策与措施的同时,认真贯彻落实《中国农村扶贫开发纲要 (2001—2010 年)》,我国的扶贫工作步入一个统筹城乡发展、解决绝对贫困与解决相对贫困并重的良好状态。截至 2007 年年底,我国农村绝对贫困人口减少到 1479 万人,贫困发生率下降到 1.6%;低收入贫困人口减少到 2841 万人,占农村人口总数的 3%。[③] 表 3-3 简要反映了我国农村扶贫开发政策的变化与发展。

表 3-3　　　　　　　我国农村扶贫开发政策的发展情况

阶段	扶贫方式	扶贫措施
第一阶段 (1978—1985 年)	救济型扶贫	采取提高农副产品的收购价格等多种办法,实行生活救济与财政补贴
第二阶段 (1986—1993 年)	区域型扶贫	以贫困县为重点进行区域开发,改进发展环境,提高生产能力

---

① 宋士云:《中国农村社会保障制度结构与变迁 (1949—2002 年)》,人民出版社 2006 年版,第 182 页。

② 张磊:《中国扶贫开发政策演变 (1949—2005 年)》,中国财政经济出版社 2007 年版,第 148 页。

③ 苏国霞:《扶贫开发是中国特色社会主义的伟大实践》,《经济研究参考》2008 年第 32 期,第 36 页。

续表

阶段	扶贫方式	扶贫措施
第三阶段 (1994—2000年)	攻坚型扶贫开发	以特殊困难区域为重点,瞄准贫困人群,动员社会各界力量
第四阶段 (2001年至今)	综合型扶贫开发	以建设小康社会为目标,沿用以往有效的政策与措施,并坚持统筹城乡发展、解决绝对贫困与解决相对贫困并重

合肥市现有1个国家级贫困县,9个省级重点扶贫乡镇。21世纪以来,合肥市坚持"开发、开放、开拓"的扶贫方针,以建立稳定长效增收机制为重点,以破除贫困地区发展屏障、缩小区域差异为主攻方向,努力先行先试,大胆创新创优,初步形成了以县域工业化推动贫困地区发展、以农业产业化促进贫困地区农业转型升级、以农村土地整治提升贫困地区新农村建设水平、以体制机制创新激发贫困地区发展活力、以城乡统筹理念推动扶贫开发工作的新格局。

农村扶贫开发政策是在社会经济体制变革的背景下,根据农村贫困状况的变化而不断进行探索与发展的。经过多年的实践,我国农村扶贫开发工作积累了许多宝贵经验:一是将反贫困提升为国家发展战略,健全相应的管理机构,有关领导亲自参与扶贫工作,把扶贫效益作为干部绩效考核的重要标准,使全社会认识到扶贫工作重要性;二是将扶贫与开发相结合,帮助贫困户发展生产,增加收入,脱贫致富;三是发挥扶贫资金的最大效用,统一管理与调配,有重点地加以使用;四是鼓励和支持社会各界参与扶贫开发工作;五是防止出现"返贫"现象和新的贫困户,巩固扶贫开发成果,提高贫困户自身脱贫致富的能力和积极性。这些经验的取得,对于当前进一步推进农村扶贫开发工作具有重要作用。

二 农村扶贫开发政策的运行方式

当前在农村扶贫开发政策的实践中,其运行方式主要包括整村推进、产业化扶贫、劳动力转移培训、自愿性移民搬迁、金融扶贫。

(一) 整村推进

整村推进作为扶贫开发政策的一种重要运行方式,是指以贫困村为扶贫的具体帮扶对象,领导联系到村,帮扶对口到村,计划分解到村,资金安排到村，扶持措施到户，项目覆盖到户，扶贫效益到户。[①] 其目的在于利用较多的资金及其他资源，在较短时间内以村为单位改善生产生活条件和基础设施、增加农民收入、提高人口素质、改变村容村貌、加强村级组织建设和民主政治建设。整村推进扶贫政策的实施给贫困农村地区带来了一系列变化，其中最显著的就是农村贫困人口纯收入的较快增长。根据《中国农村扶贫开发纲要（2001—2010年）》中期评估报告显示，在2001—2004年间，我国贫困村和整体推进村的农户收入增长率都高于非贫困村和非整体推进村的农户收入增长率（见表3-4）。

表3-4 贫困村、整体推进村与非贫困村、非整体推进村农户的收入增长[②]

	纯收入增长额（元/人）	总增长率（%）	年均增长率（%）
所有贫困村	367.79	20.58	6.86
所有非贫困村	467.76	14.54	4.85
贫困县内贫困村	292.42	22.10	7.37
贫困县内非贫困村	321.46	18.68	6.23
所有整村推进村	455.51	23.72	7.91
所有非整村推进村	455.23	14.90	4.97
贫困县内整村推进村	367.21	25.08	8.36
贫困县内非整村推进村	300.85	19.23	6.41

合肥市F县在实施整村推进的过程中，坚持以重点村为对象，以增加贫困群众收入为核心，以建设基础设施和社会公益事业项目、改善贫困群众生产生活条件为重点，把整村推进与新农村建设、劳动力转移培训、产业化扶贫、小额信贷扶贫、农业结构调整、基础设施建设等有机结合，先易后难，分批实施，通过每年投入70%的财政扶贫资金，使全县重点村达到统一的工作标准。

（二）产业化扶贫

产业化扶贫是指以市场为导向，利用贫困地区的特有资源，通过推进

---

① 王金艳：《当代中国农村扶贫开发模式论析》，《内蒙古民族大学学报》（社会科学版）2008年第4期。

② 转引自刘坚《新阶段扶贫开发的成就与挑战——中国农村扶贫开发纲要（2001—2010年）中期评估报告》，中国财政经济出版社2006年版，第136页。

农业产业化经营，调整产业结构，实现贫困农民脱贫增收的目标。其模式主要有四种：一是龙头企业带动型。即以农产品储藏、加工、运输企业为龙头，围绕一种产品或者一项产业，实行加工、生产及销售一体化经营，形成一种"企业+农户"的组织形式。龙头企业与农户预先签好订单，龙头企业在产前、产中、产后为农户提供各种服务和帮助。二是中介组织带动型。其特点在于把一家一户联合起来，把分散的经营组成一定的规模，主要解决单由一家一户无法干好的事情。中介组织具体包括专业协会和专业合作社等。三是优势产业带动型。充分发挥当地的独特资源优势，坚持"一乡一品、一村一业"的原则，积极开发特色明显的产品与产业，形成集加工、生产与销售一体化的产业链和产业群。四是乡村旅游带动型。基于贫困地区特有的旅游资源，在政府和社会力量的支持与帮助下，通过合理开发旅游业，促进贫困地区的经济发展步入快速良性的轨道，使贫困居民实现脱贫致富。[1] 在合肥市F县扶贫办工作的李先生谈道，"F县一直积极开展产业化扶贫，围绕主导产业，用足用活信贷扶贫资金，集中扶持一批覆盖面广、带动力强、有特色、有信誉的企业；通过明确企业带动贫困户的责任，加强企业与贫困农户之间的利益联系机制，积极支持合肥伊利公司、立华公司及长风公司在贫困地区建立养殖基地；扶持、引导贫困农户积极参与，加快产业结构调整，增加经济收入"。（个案访谈4 李先生）

（三）劳动力转移培训

对贫困地区的劳动力进行专业培训的直接目的是让农民提高就业技能和素质，促进农村富余劳动力向第二、第三产业转移，实现农民有效就业，提高农民经济收入。在对劳动力转移培训进行需求分析时，应做到"三结合"：一是结合产业发展形势，着眼于非农产业的发展要求，分析产业人才的需求情况，如特色产品加工者、技术指导者与推广者，特色产业的管理者与经营者等。二是结合地区行业特点，测算企业人才需求情况。三是结合企业发展状况，针对具体岗位要求，分析培训具体内容。如建筑工需要了解建筑原理、建筑物结构等相关知识，熟悉建筑设备的安全技术性能等。在完善劳动力转移就业的配套措施方面，加强包括电子网络、人脉网络在内的就业信息网络建设，积极与用人单位进行合作，增强

---

[1] 杨国涛、尚永娟：《中国农村产业化扶贫模式探讨》，《乡镇经济》2009年第9期。

就业的有效性。据统计，1978 年以来，我国已有超过 1.5 亿人、近 2 亿人的农村剩余劳动力实现了向工业、建筑业、交通运输等行业的转移。①

（四）自愿性移民搬迁

移民搬迁扶贫是指将生存条件极差、社会经济条件极其落后、发展难度大且成本高等地域内的贫困人口，迁移到生活生产条件相对较好的地区，实施异地开发扶贫。移民搬迁可以帮助生活生产处于极端恶劣环境下的贫困人口从根本上消除贫困。在实施移民搬迁时，应重点做好四项工作：首先，深入村组农户，认真进行调查摸底，准确掌握农户家庭的经济状况和搬迁意愿。其次，结合新农村建设和小城镇建设，对居民点进行科学规划、完善道路、水利、电力、医疗、教育等基础设施，解决迁移户的基本生产资料问题，实现"搬迁一户、稳定一户、脱贫一户"。再次，获取土地、财税、林业和公安等相关部门的支持，在搬迁过程中，涉及各项相关手续和费用，相关部门应予以优惠和减免，以降低搬迁成本，使搬迁工作顺利进行。最后，对移民农户的生产生活状况要密切关注，及时提供帮助，可以通过科技培训、文化教育等方式，帮助迁移户脱贫致富。近10 年来，我国先后对 770 余万贫困人口实行了扶贫搬迁，有效改善了这些群众的居住、交通、用电等生活条件。②

（五）金融扶贫

金融扶贫就是为缓解贫困地区及其农户的贷款难问题，促进贫困地区和贫困人口发展生产，国家通过小额信贷的方式，为贫困地区和贫困人口创造发展机会，从根本上提升贫困地区的自我发展能力，解决贫困人群的生活生产问题。2000 年以来，我国对金融扶贫的运作模式进行了积极探索。一是奖补资金模式。即承贷银行向贫困地区农户发放小额贷款后，由国家财政拨付奖补资金用来贴息、弥补部分损失、奖励贷款回收率高（达 92% 以上）的机构。二是担保资金模式。银行机构向贫困农户发放小额贷款，需由政府公职人员担保，以加强对借款人的约束。三是民间金融中介模式。即贫困地区的小额扶贫信贷由我国非政府组织提供，如扶贫经济合作社（1993 年设立）、贫困村村级互助资金合作组织（2006 年启动建立）等。四是国际援助模式。一些国际金融机构和组织对我国贫困地

---

① 童星、林闽钢主编：《中国农村社会保障》，人民出版社 2011 年版，第 279 页。
② 中国新闻网：《〈中国农村扶贫开发的新进展〉白皮书》，http://www.chinanews.com/gn/2011/11-16/3464433.shtml。

区提供的扶贫信贷项目,如联合国儿童规划与发展项目(2001年启动)、农村社区滚动发展资金子项目(世界银行于2007年在河南启动)等。据统计,2001—2010年,我国中央财政共安排扶贫贷款贴息资金54.15亿元、发放扶贫贷款近2000亿元。①

三 农村扶贫开发政策评析

(一)农村扶贫开发取得的主要成就

经过多年的努力,我国农村贫困状况得到了有效缓解,农村扶贫开发工作取得了巨大成就。主要表现在:

1. 农村贫困人口的数量明显下降,部分成片的贫困区域整体解决了居民的温饱问题

解决了2亿多农村贫困人口的生存和温饱问题,农村贫困人口由1978年的2.5亿人减少到2010年的2688万人,农村贫困发生率从30.7%下降到2.8%。②在闽西南地区、大别山区、井冈山区、沂蒙山区等集中成片的贫困地区整体解决了贫困人口的温饱问题,素有"苦瘠甲天下"之称的宁夏西海固和甘肃定西地区,经过多年的建设发展,贫困状况大有好转。

2. 贫困地区的生产生活条件显著改善,科技、卫生、教育、文化等社会事业快速发展

2010年年底,在592个国家扶贫开发工作重点县中自然村的通电比例为98%、通公路比例为88.1%、通电话比例为92.9%,饮用自来水、深水井农户达60.9%,人均住房面积24.9平方米;仅2002—2010年,新建及改扩建公路里程达95.2万公里,新增基本农田5245.6万亩,新增教育卫生用房3506.1万平方米,解决了5675.7万人、4999.3万头大牲畜的饮水问题。③贫困地区的社会生活面貌发生了深刻变化。

3. 贫困地区产业结构不断优化,特色优势产业发展较快,县域综合经济实力进一步增强

2001—2010年,所有国家扶贫重点县人均地区生产总值由2658元提高到11170元,年均增长率为17%;人均地方财政一般预算收入由123元

---

① 中国新闻网:《〈中国农村扶贫开发的新进展〉白皮书》,http://www.chinanews.com/gn/2011/11-16/3464433.shtml。
② 同上。
③ 同上。

提高到 559 元，年均增长率为 18.3%。农民人均纯收入由 2001 年的 1276 元，提高到 2010 年的 3273 元，年均增长率为 11%（未扣除物价因素）。这些数据的增长幅度，均超过全国平均水平。① 我国贫困地区生产生活条件的明显改善和各项社会事业的较快发展，为社会和谐、政治稳定和民族团结发挥了重要作用。

就合肥市而言，2001 年以来的 10 年，是该市扶贫开发工作推进力度最大、贫困地区经济发展最快、农村面貌变化最明显、农民得实惠最多的 10 年，取得的成效较为显著。第一，农村贫困人口数量大幅度下降。2010 年全市农村贫困人口 6.96 万人，比 2000 年减少 16.92 万人，贫困人口占农业人口的比重由 8.1% 下降至 2.1%，10 年间下降了 6 个百分点。第二，贫困地区农民收入有了较大增长。国家扶贫开发重点县 F 县的农民人均纯收入由 2000 年的 1460.93 元增加到 6120.07 元，增长 3.2 倍，年均增长 15.4%，高于同期全国和全省年均增长速度 5.3 个和 4.8 个百分点，实现了由低于全国、全省平均水平到全面赶超的大跨越。第三，贫困地区县域经济实力显著提升。F 县地区生产总值由 2000 年的 19.9 亿元增长到 2010 年的 164.5 亿元，年均增长达到 23.5%，财政收入由 1.3 亿元增长到 13.88 亿元，年均增长 26.7%，综合实力进入到中部百强。第四，贫困地区基础设施明显改善。实现了行政村水泥路通达率达到 100%，农村客车通村率达到 99%。新建安全饮水工程 174 处，解决了 74.33 万农村人口饮水安全问题。县、乡、村三级环卫队伍配备齐全，环卫设施实现全覆盖，贫困地区卫生条件和人居环境大幅改善。实现了农村通信、广播电视、宽带网络行政村全覆盖。第五，农村贫困人口自我发展能力不断增强。注重对农民工进行技能培训，已累计培训农村劳动力达 200 万人次，绝大多数贫困人口掌握了一门实用技术，增强了外出务工和就地就业创业能力。通过建立从市到村四级就业服务网络，形成了城乡一体的劳动力市场、就业培训、就业促进政策、农民创业园、就业救助、就业工作责任等体系。

(二) 调整农村扶贫政策的必要性

30 多年扶贫实践取得的巨大成效充分证实了扶贫开发政策的正确性，

---

① 中国新闻网：《〈中国农村扶贫开发的新进展〉白皮书》，http://www.chinanews.com/gn/2011/11 - 16/3464433.shtml。

但是，进入新世纪以来我国农村扶贫形势发生了很大变化，呈现出一些不同于过去的新特征，当前的农村扶贫开发已进入新的攻坚阶段，必须要调整扶贫政策，重构扶贫机制。

1. 贫困标准上调，扶贫对象大幅增加

我国 2009 年和 2010 年的农村贫困标准分别是 1196 元和 1274 元，这是农村绝对贫困线标准。按照新制定的"十二五"规划，2011 年 11 月国家已将贫困标准上调到 2300 元。贫困标准的上调意味着扶贫对象发生重大变化，农村大量的低收入人群被纳入扶贫范围。国务院扶贫办主任范小建认为，新的扶贫标准上调到 2300 元，比 2010 年 1274 元的扶贫标准提高了 80.5%，贫困人口总数有可能增加到 1.28 亿人，占农村户籍人口比例约为 13.4%。值得注意的是，即便将贫困标准提高到 2300 元，我国确定的贫困线与国际通行的每天 1.25 美元的贫困标准相比仍有较大距离[1]，这表明我国农村脱贫基础薄弱，脱贫水平低，我国扶贫开发只是实现了初级目标。

2. 贫困人口与其他群体的发展差距日益扩大，相对贫困的特征凸显

从农村贫困人口与其他群体的收入差距看，根据国家统计局对全国 592 个扶贫工作重点县贫困监测调查，2010 年农民人均纯收入为 3273 元，仅相当于全国平均水平 5919 元的 55.3%。贫困农民人均纯收入与全国平均水平的差距由 2005 年的 1532 元上升到 2010 年的 2646 元，呈现出不断扩大的态势。[2] 从城乡收入差距看，2005 年我国城乡居民人均总收入分别为 11321 元和 3255 元，2010 年分别为 21033 元和 5919 元，城乡居民人均总收入的差距由 2005 年的 8066 元上升到 15114 元。如果再考虑居民的教育补贴、医疗补贴等因素，城乡收入差距则会更大。此外，由于经济社会发展的不平衡造成连片地区的特困现象更加突出。据国家统计局贫困监测数据，2001—2009 年，西部地区贫困人口比例由 61% 上升到 66%，民族地区八省由 34% 上升到 40.4%，贵州、云南、甘肃从 29% 上升到 41%。[3] 而这是在我国国民经济保持快速发展和扶贫开发战略多年实施的背景下呈现的。显然，我国广大低收入人群，特别是农村贫困居民，很难从经济增

---

[1] 世界银行 2008 年宣布，将国际贫困标准从每天生活费 1 美元提高至 1.25 美元。
[2] 2005 年扶贫工作重点县农民人均纯收入和全国农民人均纯收入分别为 1723 元和 3255 元。
[3] 苏明、刘军民：《我国减贫形势及未来国家扶贫战略调整的政策取向》，《地方财政研究》2011 年第 6 期，第 32 页。

长与社会发展中分享到应得的利益。贫困人口与其他群体的发展差距过大已成为影响农村经济社会和谐发展的突出问题。

3. 脱贫成本和脱贫难度增加，减贫速度趋缓

目前我国剩余的农村贫困群体主要分布在自然环境恶劣、基础设施较差、产业发展薄弱、思想文化落后的地区，并且贫困人口居住更加分散，导致扶贫难度和成本随之增加。近年来，我国农村贫困人口的数量虽然在整体上呈现下降状态，但减贫进度却明显趋缓。① 2004—2007 年，由于我国实施了一系列农业补贴政策和农村社会保障政策，以及加大对贫困地区的投入力度，减贫工作取得了显著的成效，贫困人口从 8517.7 万人下降到 4319.5 万人，年均减少了 1049.5 万人。而在 2008 年金融危机爆发后，减贫进程明显趋缓，当年贫困人口仅减少了 313 万人，2009 年也只减少了 410 万人，并且这样的成绩还受助于农村低保的全面实行和持续加强，倘若没有社会保障政策的支撑，那两年减贫的形势还要更加严峻。②

4. 农村低收入人口没有实现稳定脱贫，防止返贫的任务艰巨

我国农村除了 2688 万人绝对贫困人口以外，还有近 6000 万低收入人口才刚刚脱贫，他们抵御风险的能力还很薄弱，一旦遇到发生自然灾害、市场风险，或者是娶、病、丧等情况，往往导致这些刚刚脱贫的人口再次陷入贫困，"因灾返贫、因病返贫、因学返贫"的现象十分普遍。近年来，我国农村的平均返贫率在 20% 左右，西南、西北一些地方高达 70%—80%，甚至出现了返贫人口超过脱贫人口的现象。③ 例如，甘肃省现有 41 个国家扶贫工作重点县，贫困人口主要分布在自然条件恶劣、自然灾害频发的地区，返贫率极高。灾害来临时，有些家庭在极短时间内就会变得一无所有，致使扶贫开发的难度加大，防止返贫的任务艰巨。

5. 政府主导的扶贫机制有待完善，贫困农户的主体作用未能充分发挥

坚持政府主导、多部门参与的扶贫工作机制在广泛动员社会力量参与

---

① 刘娟：《中国农村扶贫开发的沿革、经验与趋向》，《理论学刊》2009 年第 8 期。
② 苏明、刘军民：《我国减贫形势及未来国家扶贫战略调整的政策取向》，《地方财政研究》2011 年第 6 期。
③ 廖富洲：《新农村建设必须强化农村扶贫开发》，《学习论坛》2006 年第 9 期。

扶贫开发的实践中发挥了重要作用，并将在以后的扶贫开发活动中继续实行。可是，这种"自上而下"单向反贫方式，不能充分发挥贫困农户作为反贫主体的作用，于是，随着扶贫开发活动的逐步深入，扶贫难度的不断增加，其局限性也逐渐显露出来。一方面，由于没有重视贫困农户的主体性和积极性，在扶贫开发活动的实施过程中，贫困农户缺乏相应的知情权、参与权、决策权、管理权、评估权和监督权等，致使扶贫资源使用低效，扶贫代价较大，扶贫开发的可持续性薄弱。而且还可能在一定程度上造成基层政府与农民的矛盾。另一方面，在扶贫项目实施和扶贫资金分配中，政府居于主导地位，从而影响了扶贫资金的投入效果和扶贫资源的优化配置。因此，应在继续坚持政府主导地位的同时，进一步改革和完善扶贫开发的运行机制。近年来，社会对参与式扶贫给予了广泛认可，并将其列入相关扶贫开发文件之中，这有助于完善政府主导的扶贫开发机制。但是，就目前的实际操作过程而言，参与式扶贫还只是停留在农户参与项目选择上，需要在其他环节上进一步落实。

(三) 调整扶贫政策的主要措施

1. 创新扶贫工作机制，提高扶贫资源使用效率

多部门参与的扶贫机制是我国扶贫政策中的一大特色，但它往往会造成项目与资金多方管理、扶贫部门之间难以有效协调或协调力度较弱，以及由此产生的扶贫成本高昂、资源使用效率低下等问题。因此，必须对多部门参与的扶贫机制进行改革和完善：一是坚持"规划先行、计划严谨、部门沟通"的工作思路，立足贫困地区的区域发展，科学制定区域发展规划与专题规划，为整合各种资源提供政策依据和实践平台；二是注重研究和制定扶贫规划，增强扶贫规划的科学性、可行性，搭建整合各种扶贫资源及支农资金的基本平台；三是积极探索扶贫资源及支农资金的整合途径，建立健全项目审批联席会议制度，综合运用规划整合、区域整合和产业整合等方式，有效整合各类扶贫资源及支农资金投入贫困地区，增强扶贫资源、支农资金的投入效果；四是完善扶贫开发目标责任制，加强扶贫开发的目标管理与绩效考核，把贫困人口的减少程度、扶贫开发的工作力度等情况作为干部选拔任用及考评各部门扶贫开发成效的核心指标和重要

依据。①

2. 完善扶贫目标瞄准机制，做好扶贫对象扩大后的认定工作

贫困标准的上调，首先带来的是扶贫对象的大幅增加，为此，要认真做好扶贫对象扩大后的认定工作，确保扶贫资源利用的准确性和高效性。在认定扶贫对象的过程中，为切实提高扶贫目标的瞄准度，应扩大贫困农户的建档范围，强化动态管理，及时调整评定指标和认定条件，并采取评定标准量化细化、基层调查、随机抽查等方式，保证贫困信息的准确、对称。同时，应坚持分类指导的原则，对于那些具有劳动能力与开发潜力的贫困农民，帮助他们脱贫致富；对于居住在开发环境恶劣地区的贫困农民，帮助他们易地脱贫；而对于没有劳动能力的特困农户，通过完善最低生活保障制度，解决其基本生活问题。②

3. 改善贫困地区的基础设施条件，强化脱贫致富的环境支持

影响贫困农户发展生产与实现脱贫致富的直接因素就是贫困地区恶劣的自然环境和资源条件。由于我国有大量的贫困人口居住在资源环境贫瘠的高原、深山和严寒地区，这些区域扶贫开发难度大且成本高，因此，应借助新农村建设的契机，加大扶贫资源和财政资金的投入力度，完善贫困地区的发展生产、脱贫致富的基础设施。重点建设基本农田、水利设施、交通道路、电力和通信设备等，改善贫困农村的基础设施和生产生活环境，尽快帮助贫困农户走上脱贫致富之路。在合肥市 F 县扶贫办工作的李先生谈道："F 县在扶贫工作中，非常注重抓好基础设施建设：一是基本农田建设。以贫困乡村及其区域为规划单元，适当提高建设标准，增加旱涝保收面积。最近 5 年来共增加了旱涝保收面积 6 万亩。二是道路交通建设。加快贫困地区通自然村庄公路建设，在过去的 5 年中我们完成了 20 个行政村及 379 个自然村庄通砂石路建设，目前已实现了晴雨通车到自然村庄目标。三是加快饮水工程建设。5 年来我们解决了贫困地区 2.1 万人的饮水困难问题。"（个案访谈 5 李先生）此外，对于居住在生态环境极其恶劣、扶贫资源利用效率极其低下地区的农户，应做好移民搬迁的引导工作，认真落实异地扶贫政策。

---

① 王永平、袁家榆：《农村扶贫开发机制、资源整合与对策建议》，《改革》2008 年第 4 期。

② 刘娟：《我国农村扶贫开发的回顾、成效与创新》，《探索》2009 年第 4 期。

4. 大力实施参与式扶贫开发，充分发挥贫困农户的主体作用

在当前我国扶贫开发实践中，针对存在的贫困农民被动参与、影响扶贫成效等问题，应通过赋权给农民、提高农民综合能力等途径，增强贫困农户在扶贫开发中的主体性。① 一是赋权给农民。参与式扶贫提倡权利下方，即把知情权、分析权、发言权、决策权、管理权等赋予农民，政府和其他机构则是扶贫开发实践中的协助者。农民有权选择扶贫项目，有权选举小组代表自己行使项目管理权与监督权，有权对重大事项发表看法，有权从扶贫开发活动中得到利益。二是注重提升农民的综合能力。参与式扶贫的目的在于提高农民的综合能力，包括发展项目的能力、管理资金的能力、适应市场的能力、组织协调能力等。三是发挥政府和社会的扶持作用。政府和社会为农民提供培训与技术服务，帮助农民获得相关信息与发展思路；整合教育、电信等多方资源，进行对口扶持；帮助农民建立自己的经济合作组织，提高其在生产与市场中的组织化程度。总之，实施参与式扶贫，就是以农民为根本，以农民的广泛参与为途径，以农民的能力建设为核心，提升农民的自我发展、自我管理和自我服务，从而充分发挥贫困农户在扶贫开发活动中的主体作用。

5. 完善扶贫政策体系，形成财政、金融、生态和社会保障等政策合力

扶贫开发是一项系统性很强的工程，各项扶贫政策间的互补、协调与配套所产生的扶贫合力能够促使扶贫效益实现最大化。由于贫困标准上调，扶贫对象随之大幅增加，扶贫任务比之前也更加繁重。为此，财政政策在转移支付和项目倾斜方面应加大力度，针对特殊贫困地区突出专项扶持；金融政策在筹措扶贫资金方面应积极拓宽渠道，同时为解决贫困农户小额贷款的困难，应积极发展乡村银行、小额信贷公司和资金互助社等新型金融服务机构；生态政策应注重贫困地区的生态状况，建立和完善生态资源补偿机制，并加大补偿力度，运用就业补偿、教育补偿、移民补偿等多种方式；社会保障政策作为贫困农户生存的"生命线"，应当扩大最低生活保障、新型农村合作医疗制度、养老保险制度在贫困区域的覆盖范围，使之与扶贫开发政策相互补充、有机协调。②

---

① 王永平、袁家榆：《农村扶贫开发机制、资源整合与对策建议》，《改革》2008年第4期。

② 刘娟：《我国农村扶贫开发的回顾、成效与创新》，《探索》2009年第4期。

第三节　农村五保供养制度

农村五保供养制度是指为生活在农村的"没有劳动能力、没有生活来源又没有法定赡养、抚养、扶养义务人，或者其法定赡养、抚养、扶养义务人无赡养、抚养、扶养能力的农村老年人、残疾人或者未满16周岁的村民"①，在吃、穿、住、医、葬方面给予的生活照顾和物资帮助的农村社会救助制度。五保供养的内容包括：一是供给粮油、副食品和生活所用的燃料；二是供给服装、被褥等生活用品和零用钱；三是提供符合居住条件的住房；四是提供疾病治疗、对生活不能自理的给予照顾；五是办理丧葬事宜。② 符合五保供养条件的人员，由本人向户籍所在地的村民委员会提出申请，经村民委员会民主评议后，报县级人民政府民政部门审批。

一　农村五保供养制度的发展与实施

肇始于农业合作化时期的农村五保供养制度是建立在农村集体经济制度确立的基础上的。从供养资金的来源看，1956—1978年五保供养的经费主要来自农村集体分配和公益金补助，具体是通过生产队或生产大队来进行组织与实施供养。③ 1979—2001年"村提留、乡统筹"成为五保供养的主要经费来源。从2002年国家推广农村税费改革尤其是2003年税费改革全面铺开以来，各地在制定费改税的综合政策时，基本都将原来从"村提留或乡统筹"列支的五保供养经费转变为从农业正税20%的附加税中支出。2006年3月1日正式实施的新修订《农村五保供养工作条例》明确规定："国务院民政部门主管全国的农村五保供养工作；县级以上地方各级人民政府主管本行政区域内的五保供养工作"④，"农村五保供养资金，在地方人民政府财政预算中安排"，"中央财政对财政困难地区的农村五保供养，在资金上给予适当补助"。⑤ 标志着农村五保供养工作最终

---

① 《农村五保供养工作条例》，《农村财务会计》2006年第3期。
② 同上书，第20页。
③ 李春根、赖志杰：《我国农村五保供养制度：回顾和评述》，《沈阳师范大学学报》（社会科学版）2009年第1期。
④ 《农村五保供养工作条例》，《农村财务会计》2006年第3期。
⑤ 同上。

与国家财政供养责任的对接,农村五保供养的筹资渠道突破了乡镇范围。此后,全国各地结合当地的实际情况,建立了相应的供养模式,五保供养水平有了不同程度的提高。

农村五保供养形式分为集中供养和分散供养两类。集中供养是指通过农村敬老院、幸福院、养老院、福利中心等五保供养服务机构,对五保对象进行集体供养,吃、穿、住、医、葬全部由政府全包。分散供养是指对于没有进入五保供养服务机构而是散居在家(即原居住地)的五保对象,政府发给一定数量的供养金和粮食,由五保对象进行自我管理。其中,分散供养又分为四种情况:第一,村供村养。即五保对象的基本生活由所在村组实行统一保障。第二,村供亲养。即五保对象所在的村组每年给其一定的生活补助费,口粮则从五保对象所分责任田中解决,或自己耕种,或委托亲友代种,或出租给他人耕种后收取一定的租谷。第三,亲供亲养。具体方式有两种:一是亲友代养,即五保对象家中有宅基地,或有一栋好点的房子,亲友想继承,主动要求将其代养起来。二是以田代保,即五保对象所在的村组同样分给其一分责任田,不论有无耕种能力,一切尽在责任田中。第四,临时救助。即五保对象所在的村组每年度将其列为救助对象,使他们依靠救济金度日。[①]

通常而言,集中供养在供养标准、管理服务质量、精神文化供养等方面要比分散供养具有明显的优点。例如:在保障标准上,集中供养通常要高于分散供养。通过调查,我们得知2010年合肥市的分散供养标准为1500元/人/年,集中供养标准为2640元/人/年。与集中供养相比,分散供养的优势在于投资少、管理成本低;不利因素在于五保对象居住分散、服务难度较大,且由于五保对象中大都属于年纪偏大、生活不能完全自理的人员,加之农村集体经济薄弱使得救助标准明显偏低,往往导致分散供养五保对象的日常生活照料问题较为突出,容易产生应保未保、医疗难以保障等诸多弊端。

就合肥市五保供养的资金来源而言,对于3县分散供养五保对象,2007年的供养标准为1460元/人/年,其中省财政补助850元/人/年,市财政补助250元/人/年,不足部分(360元/人/年)由县财政兜底承担;

[①] 杨团、张时飞:《当前我国农村五保供养制度的困境与出路》,《江苏社会科学》2004年第3期。

对于城区分散供养五保对象，2007年的供养标准为1500元/人/年，其中省财政补助500元/人/年，市财政补助500元/人/年，区财政补助500元/人/年。2009年合肥市将五保分散供养的标准提高了40元/人/年，即3县供养标准提高到1500元/人/年，城区供养标准提高到1540元/人/年。提标所需资金，市与县按7∶3比例分担，与区按5∶5比例分担，即对3县分散供养的五保对象，省财政补助850元/人/年，市财政补助278元/人/年，县财政兜底372元/人/年；对城区分散供养的五保对象，省财政补助500元/人/年，市财政补助520元/人/年，区财政补助520元/人/年。

此外，合肥市还注重加强农村五保供养服务机构建设，努力提高五保集中供养和集中居住率。从2006年起，合肥市实施农村五保供养服务机构建设"515"工程，即在"十一五"时期，用5年时间，筹资了1亿元，加快农村"五保老人之家"和敬老院建设，整体实现了农村五保对象集中供养和集中居住率达到50%以上的目标。"515"工程的主要资金来源于省补助资金、市级财政预算安排资金和福彩公益金、县（区）财政配套资金及社会捐款。

二　农村五保供养制度评析

农村五保供养制度的制定与执行体现了国家对农村弱势群体生活状况的关心，推进了五保老人权利有效实现，是中国农村社会救助政策的重要组成部分。从近年来一些地区的实践情况来看，农村五保供养工作在取得一定成效的同时，还存在着许多问题，有的还很严重，需要进行认真总结和反思。

（一）五保供养制度存在的问题及原因

1. 五保供养制度难以操作化

2006年新修订的《农村五保供养工作条例》，对五保供养制度的执行作了一些修改和规定，但其中有的地方还仅仅停留在原则性状态，实际可操作性较差。例如：五保供养对象的认定仍然比较困难。新《条例》将"无劳动能力、无生活来源又无法定赡养、抚养、扶养义务人，或者其法定赡养、抚养、扶养义务人无赡养、抚养、扶养能力"[①]作为认定五保供养对象的条件。按照此规定，只要申请者符合条例规定的条件，就可以享受五保供养的有关待遇。但由于目前我国还没有关于农民劳动能力鉴定的

---

① 《农村五保供养工作条例》，《农村财务会计》2006年第3期。

专门法律法规和技术性规范,新《条例》中规定的"无劳动能力"只能参照使用其他一些制度性条文的规定,将60周岁以上的老年人、16周岁以下的未成年人和残疾人视为无劳动能力人①,各地可以结合具体实际予以贯彻执行。"无生活来源"、"无法定赡养、抚养、扶养能力"等条件在实际审核中也会有类似的主观推断认定。

2. 五保供养资金短缺

新《农村五保供养工作条例》虽然规定了五保供养的资金是由政府财政提供,但是并未真正解决五保供养的经费短缺问题。究其原因主要在于:第一,五保供养对象的总数在不断增加;第二,五保供养机构经费支出大;第三,五保对象的人数统计和人均供养标准计算等方面不够准确,导致政府财政拨款的总额不能满足五保供养的经费需求;第四,五保供养经费主要包括上级部门拨款、乡级政府财政配套两个部分,但在经济发展落后地区,乡级政府无法拿出相应的配套经费,导致五保供养经费其实仅是上级部门下拨的那部分资金;第五,中央财政的五保拨款方式为转移支付,有的地方在资金运行过程中以其他各种名义加以占用,致使最终发到五保对象手里的金额已大打折扣。

3. 五保供养内容落实困难

新《农村五保供养工作条例》对农村五保供养的内容进行了明确的规定,但在实际过程中,五保供养实施的内容要比规定的少得多,除了"保葬"外,其余"四保"的落实都存在一些问题,甚至在有的地方,五保其实已经变化为两保(保吃、保葬)或者一保(保吃)。在这规定的五项内容中最难以落实的是"保医",原因在于五保对象容易患发各种疾病,医疗护理费用开支较大,加之有的地区五保供养资金十分短缺,无论是集中供养还是分散供养,五保对象的医疗需求非常突出。② 另外,五保对象的精神文化需求还没有得到足够的关注,这容易引起老年人群的精神贫困,他们的记忆力、想象力和反应能力等也会下降,甚至还会导致老年性孤独症或心理疾病。

---

① 赵庆国、孔令文:《农村五保供养机构的建设与管理》,中国农业出版社2008年版,第14页。

② 洪大用、房莉杰、邱晓庆:《困境与出路:后集体时代农村五保供养工作研究》,《中国人民大学学报》2004年第1期。

4. 五保供养制度被其他农村社会救助制度边缘化

现行的农村社会救助制度不仅包括五保供养制度，还有农村低保制度、新农合制度、扶贫开发和教育救助等平行项目。不断建立和发展新的农村社会救助制度，使得五保供养制度在农村社会救助制度体系中的地位逐步边缘化。同时，由于各项社会救助制度缺乏相互沟通与衔接，各项制度的责任主体、资金来源、救助目标、救助标准等方面都有较大差别；并且各项制度既有重叠交叉，又有覆盖不全，没有整合成为一个完整统一的社会救助体系。从救助对象的交叉性来说，一些地区将五保供养对象又视作农村最低生活保障对象。据统计，在2005年享受最低生活保障的农村家庭中，有五保户46.5万户，占享受农村最低生活保障家庭总数的12.1%，比2004年增加25.3%。[①]

（二）五保供养制度的改进措施

1. 注重五保供养制度的体系和科学性建设

突破农村五保供养困境的关键在于加强五保供养制度的体系和科学性建设。就目前而言，我国对农村五保供养的法律规定只有2006年的《农村五保供养工作条例》，即使加上各地区根据条例和结合当地具体实际制定的相关工作办法，农村五保供养的制度体系仍然不够健全，因此，必须注重加强五保供养制度的体系建设。同时，该《条例》的内容还有一些不完善的地方，主要问题是可操作性不强。虽然各省、市、自治区都制定了相关的政策，但有的地方未能结合当地的经济发展状况，致使制定的政策缺乏科学性，比如：供养标准过高，导致政策难以实施。[②] 而且，在五保供养经费落实到各级政府的承担比例问题上，没有形成统一意见。就我国目前情况而言，应把县级政府作为五保供养经费的主要承担者。首先，"将五保供养服务由目前的村级组织转移给县级以上政府，是因为在责任和财力相对协调的情况下，县级以上政府有条件集中管理风险，更好地为五保对象提供服务。如五保资金集中使用，可平衡县、乡镇、村组的区域差异，减少层层扣减现象，强化管理能力，提高资金的配置效率"。[③] 其次，社会保障中的城乡最低生活保障、城乡医疗救助的管理主体都是县级

---

① 赖志杰、赖永锋：《"五问题"困扰农村五保供养》，《社会工作》2009年第1期。
② 邵芬、赵进维：《我国农村五保供养法律制度研究》，《昆明学院学报》2009年第4期。
③ 杨团、张时飞：《当前我国农村五保供养制度的困境与出路》，《江苏社会科学》2004年第3期。

政府的民政部门，五保供养工作以县级为主进行管理，可以为做好各项社会救助制度的衔接提供良好的制度条件。最后，乡镇政权的设置还不够稳定，未来发展趋势尚不确定；而县级政权设置相对稳定，将其作为五保供养工作的责任主体较为合适。此外，在县域内统一建立敬老院，能够扩大五保对象的选择范围，提高敬老院的服务水平和管理效率。

2. 强化五保供养工作的检查与评估力度

检查与评估是促使五保供养工作顺利开展的有效手段。检查的内容主要包括三个方面：一是检查各级政府对五保供养工作的重视程度；二是检查地方政府部门对五保对象底数的掌握程度和五保对象底数的真实性，以及供养经费的发放金额与及时程度；三是检查五保供养经费的配套情况。并且把检查的结果作为各级政府和有关个人工作绩效的评估指标。在五保供养检查工作中，应注重方式，既要加强行政部门上级对下级的检查，又要重视各种新闻媒体以及其他社会组织与个人对五保供养工作的反映情况，努力提高五保供养工作的透明度和实效性。

3. 建立综合性农村社会救助体系

五保供养并非是一个简单的生活救助问题，而是具有综合性质的社会救助体系。它不仅包括衣食住等最基本的生活救助，还应包含医疗、养老、教育等辅助救助项目。由于目前各种农村社会救助制度没有进行综合设计，农村五保供养制度与农村其他救助制度在内容设计和现实运行中存在许多不衔接、不协调、不规范等问题，而且救助对象认定情况复杂，救助工作行政成本高昂。因此，当前迫切需要重视农村社会救助的系统化建设，将农村各种救助制度整合为一个综合性的农村社会救助体系。各级政府应把五保供养工作纳入本地经济社会发展的全局，统筹兼顾，合理规划，以现有的基本生活救助作为基础和重点，将现有的医疗、养老、教育等辅助性内容适当加以整合归并，使整体制度更为简约且更具可操作性，从而实现各部门资源优化配置，促进制度效益最大化。

4. 培育五保供养工作的多元化主体

作为社会救助的重要类型之一，五保供养的责任主体应当是政府，但仅靠政府是不够的，一个完善的救助制度需要政府和社会的共同参与。在目前的五保供养中，社会力量参与程度不够是一个突出问题，加之缺少有效的宣传和激励措施，能主动为五保对象捐款捐物的社会机构和个人还为数不多，这在很大程度上影响了五保供养制度的健康发展与运行成效。为此，在强调政府提供最基本的、制度性保障的同时，应积极动员与倡导社会力量支持农村五保供养工作，建立健全多元筹措资金体制，拓宽供养资金的来源渠道；激励社会团体和个人为五保供养对象和五保供养工作提供各种捐助与服务，整合服务资源，协调公益行动；推进非政府力量和社会成员之间的社会互助，形成以政府为主导、以非政府力量为补充的多元化主体格局。

第四节 新型农村合作医疗制度

新型农村合作医疗制度，简称"新农合制度"，是指"由政府组织、引导、支持，农民自愿参加，个人、集体和政府多方筹资，以大病统筹为主的农民医疗互助共济制度"。[1] 其主要特点在于：其一，医疗资金主要由政府负担；其二，参加新农合以户为单位，避免了"一人参保，全家吃药"的情况发生，也加强了资金筹集的力度；其三，强调政府引导、农民自愿参加的原则；其四，资金支付实行分级、分段、分项的原则。分级支付，指辖区内政府所办的公立医院（卫生院）住院与经转诊到辖区外指定的三级医院住院或外出因急诊到就近公立医院就医所发生的医药费用，其起付线、报销比例和最高封顶线都有区别，辖区内报销比例高于辖区外报销比例；分段支付，指将发生的住院费用根据不同的数额分段，每段的报销比例不同，住院费用越多，报销的比例越高；分项支付，指门诊发生的费用，除规定不予报销的项目外，药费和医疗费用均按规定比例报销。[2]

一 新型农村合作医疗制度的创建与实施

21 世纪初，为了彻底解决农村缺医少药和"因病致贫、因病返贫"的问题，我国开始探索建立新型农村合作医疗制度。2001 年 5 月，国务院批转了由体改办等五部委提出的《关于农村卫生改革与发展的指导意

---

[1] 柴志凯、孙淑云：《新旧农村合作医疗制度比较新论》，《中国农村卫生事业管理》2007 年第 10 期。

[2] 陈成文、胡书芝等著：《社会救助与建设和谐社会》，湖南师范大学出版社 2007 年版，第 257 页；周毕芬：《新型农村合作医疗制度的困境与出路》，《福建农林大学学报》（哲学社会科学版）2008 年第 1 期。

见》，要求各级地方政府加强对农村合作医疗工作的组织领导，遵循"自愿量力、因地制宜、民办公助"的原则，进一步发展与完善合作医疗制度，努力构建起适应社会主义市场经济体制和农村社会经济发展水平的农村医疗卫生服务体系。该《指导意见》的颁布与实施，为建立新型农村合作医疗制度提供了坚实的基础。2002年10月，中共中央、国务院下发了《关于进一步加强农村卫生工作的决定》，首次明确提出要在全国农村逐步建立起新型农村合作医疗制度。同年12月，九届人大第31次会议审议通过的《中华人民共和国农业法（修订草案）》规定："国家鼓励支持农民巩固和发展农村合作医疗和其他医疗保障形式，提高农民健康水平。"从此，农村合作医疗制度的发展和完善实现了有法可依。2003年1月，国务院转发了由卫生部等部门制定的《关于建立新型农村合作医疗制度的意见》对新型农村合作医疗的目标与原则、筹资标准、资金管理、组织实施等事项作了具体规定；要求各省（自治区、直辖市）至少选择2—3个县（市）先行试点，在取得经验后进行推广。[①] 此后，全国各地陆续开展探索建立新型农村合作医疗制度的试点工作。2005年8月，国务院召开第101次常务会议，就农村合作医疗经费的补助问题进行了专题研究。会议决定，从2006年起，中央财政对农民参加新型农村合作医疗的补助标准由每人每年10元增加到20元，地方财政补助也相应提高到20元；会议还提出，到2010年基本实现覆盖农村居民的目标。由于党中央和国务院的高度重视，地方各级党委和政府的及时推进，新型农村合作医疗制度在全国得以顺利发展。

合肥市于2009年对新农合方案进行了调整：一是提高门诊报销比例，在原来的基础上提高5%—10%。二是住院补偿封顶线由2008年的5万元提高到8万元。三是对五保户和低保户实施普惠加特惠政策，筹资部分由政府垫付，门诊和住院增加补偿比例（比一般参合农民提高15%—20%），不设报销起付线。四是3县积极推行对特殊病大额门诊、住院分娩的补偿，扩大慢性疾病补助范围，将地方病和白内障手术等纳入大病统筹门诊补助。五是从2009年1月1日起，在所有市级定点医院实行新农合及时结报，病人出院结账时即可报销，大大方便了参合民众。六是提高

[①] 乔益洁：《中国农村合作医疗制度的历史变迁》，《青海社会科学》2004年第3期；刘雅静、张荣林：《我国农村合作医疗制度60年的变革及启示》，《山东大学学报》（哲学社会科学版）2010年第3期。

住院补偿标准：乡镇卫生院70%，县级医院65%，县外大医院60%。七是全市范围内均实现了网络化和信息化管理，做到在线审核，及时结报，实时监控。八是全面推进门诊统筹，县乡医院100%实行，村卫生室达30%以上，门诊报销按比例补偿，单次限额，全年封顶，使得门诊看病能报销。九是全市补偿封顶线由原来的5万元提高到8万元。保底补偿由20%提高到30%。

2009年，合肥市实际参合农民达到222万人，较2008年217.5万人增加了5万人，新农合参合率为97.6%，筹资标准为100元/人/年（农民自付20元）。2011年，合肥市新农合筹资标准提高到230元/人/年（农民自付30元）；同时，新农合的受益面也将进一步扩大，全市农民实际参合人数将达到244.49万人，覆盖农业人口226.39万人，并且3县城镇居民医保合并到新农合，实现了城乡居民医保一体化。

二　新型农村合作医疗制度评析

（一）新农合制度存在的问题及原因

自新型农村合作医疗制度实施以来，在为农村居民提供基本医疗保障方面取得了一定的成效。但这项制度在实际运行过程中也存在一些问题，致使其在防止农民"因病致贫、因病返贫"方面的作用不够明显。

1. 资金筹集机制不稳定

2002年10月，中共中央、国务院下发的《关于进一步加强农村卫生工作的决定》提出：新型农村合作医疗的资金来源为政府、集体和个人三方面。但在实际运作中，这三方面都还存在问题。从政府筹资来看，当前在开展新型农村合作医疗试点的地区都执行了规定的投入经费标准，即不低于年人均20元。可是在一些经济发展水平比较落后的地区，还没有执行这个标准。从集体筹资来看，由于我国实行了农村家庭联产承包责任制，农村集体经济组织已经解体，集体筹集部分也就不复存在。从个人筹资来看，为了普遍推广新型农村合作医疗制度，有的地区确定了较低的个人投入标准，即便是在一些经济发达地区，个人投入经费也只有几十元，这与我国农村居民每年人均医疗费用100元相比，还尚有较大的差距。[①]

2. 自愿参保原则致使制度不能顺利运行

新型农村合作医疗制度坚持农民自愿参保的原则，是考虑到农民接受

[①] 高丽敏：《新型农村合作医疗制度：问题与完善》，《中国初级卫生保健》2006年第1期。

新的制度存在一个认识和理解的过程，防止产生与传统合作医疗同样的结局。并且有的地方政府的形象在农民心目中存在问题，农民担心自己生病不能得到补助、经费被占用，因此，采取强制参保的办法，势必会导致农民的逆反心理，反而会产生不良的社会效果。但是，农民完全自愿参保，就无法保证农民的参保率，制度本身的互助共济作用就难以发挥。例如：通过对合肥市D县部分乡镇新农合制度运行情况的调查发现，在坚持农民自愿参保原则的情况下，要实现一定的参保率，就需要对农民进行充分的宣传和动员，说服农民参保的成本较大，而且也会大大增加乡村干部的工作量。另外，自愿参保还容易产生"逆向选择"，即大凡有医疗需求的农民都积极愿意参保，而健康年轻人参保的意愿较低。于是，片面强调自愿参保原则就不能体现互助共济的初衷，也无法真正发挥制度本身具有的医疗保障作用。

3. "保大不保小"模式的固有缺陷

在新型农村合作医疗制度的推行之初，选择"保大不保小"模式主要是由于考虑新农合的基金问题，况且鉴于当时"因病致贫、因病返贫"现象较为严重，"保大不保小"模式具有一定的合理性和紧迫性。但随着新农合基金的逐步增长，该模式在实际运行中的成效并不显著，其原因在于两个方面：一是在广大农村地区由于存在缺医少药的现象，很多大病往往是由小病不能及时得到医治所导致的，即便是能够享有保大病的医疗保障，也只能在住院治疗的情况下才能报销医疗费用，而且只能按比例给予报销部分费用，同时还要受到最高报销金额的限制。二是新型农村合作医疗制度过于强调保大病，容易使人们产生保大病就是"住院治疗"的看法，致使过于重视卫生机构的建设，医疗资源的配置也就不够合理，导致资金和人才过分追求向大型医疗机构转移，这在很大程度上影响了农村基本医疗卫生事业的健康发展。

4. 定点医疗机构行为失范

随着我国社会经济体制的进一步发展和有关政府部门对医疗机构的监管不力，致使医疗费用上涨过快，一些新农合定点医疗机构也出现了许多不规范的行为，比如不执行新农合限价收费标准，将不属于新农合补偿的费用变通为补偿费用，擅自提高收费标准，增加收费项目或分解收费，开大处方、人情方、分解处方、伪造处方，串换药品或"搭车开药"套取医疗基金，进行重复检查或不必要的检查，随意放宽入院指标，无故延长住院天数，帮助病人冒名住院或违规挂床住院，拖欠、截留参合病人补偿金等。新农合定点医疗机构是提供医疗服务的主体，其行为的规范程度和收费的合理性是影响新农合制度可持续发展的关键因素。由于我国的医疗和药品的价格是按照城市的标准确定的，对于农民来说医疗费用本来就较高，如果再加上费用收取的不合理，更会加剧农民"看病难、看病贵"的不良局面；同时医疗机构的不规范行为也会使得国家原来直接用于补助农民的经费间接地转移到医疗机构，从而降低了政府财政资金的使用功效。[①] 实行新农合制度的初衷是让贫困的居民也能够看得起病，但不合理的医疗费用有违新农合制度的原本意义，势必会妨碍新农合制度的实施与发展。

（二）新农合制度的改进措施

通过对新农合制度存在问题的分析，要进一步健全与推广新农合制度，实现制度的有效运行，应积极采取相应的改进措施。

1. 建立稳定的资金筹集机制

资金是新农合制度正常运行和持续发展的命脉，在稳步加大中央财政投入力度的同时，更加重视地方各级政府及个人的资金筹措能力。针对当前地方政府筹资不力的问题，我们在对地方财政进行预算的时候，可以单独提前列算适当资金作为农村基本医疗固定补贴，投入到新农合制度的运行当中。当然，也应积极吸纳来自社会各方面的慈善捐助，以增加医疗资金的总量。针对农民个人筹资不力的问题，可以将粮食补贴、种子补贴或其他补贴的一部分，作为农民个人交纳的新农合保障资金。这样既能革除农村传统筹资模式的缺陷，又能稳定新农合资金的来源。同时，还可以通过实行各种优惠政策引导和鼓励农民积极参合，例如，实行连续参合的优惠政策，即对于连续参合的农民，当年度住院医疗费用超过封顶线时，将再给予一定比例的优惠，连续参合的年限越长，优惠的幅度越大。也可以通过开展免费体检服务、简化报销流程等办法吸引广大农民参合。

据调查，合肥市F县从2009年开始为部分农民提供免费体检服务，2011年已有40万农民领到了体检证，并计划到2014年农民免费体检率达100%。F县在农村推行免费体检服务，并非一"检"了事，而是根据

---

① 高则一：《解读新型农村合作医疗制度：发展历程、困境和对策》，《前沿》2010年第1期。

有关情况，给被体检者建立健康档案，对体检有"问题"人员每年进行4次上门随访。2011年该县新型农村合作医疗参合率高达98.7%，基本实现全县覆盖。

2. 逐步推行强制参合政策

新农合制度强调自愿参加原则会产生一些不良后果，进而影响到新农合制度的运行成效。当前广大农民对新农合已经有了基本印象，可以逐步采取适当的强制措施，用合理的制度来约束农民，以进一步提高参合率，扩大资金规模，避免"逆向选择"。[1] 推行强制参合的具体步骤为：第一步，政府制定优惠政策，在自愿的原则下，吸引更多的农民参合。第二步，适度强制。政府制定政策，规定在参合率达到一定的比例时政府将给予更多的财政补贴。第三步，强制全部参合。规定在实施新农合制度的地区，其范围内的居民必须全部参合，以实现全员覆盖。针对新农合制度运行中存在的筹资不稳定、逆向选择等问题，推行强制参合能够稳定资金来源，扩大资金规模，降低筹资成本[2]，促进新农合制度的良性循环和可持续发展。

3. 实行"保大兼保小"的模式

由于"保大不保小"模式存在一些缺陷，新农合制度应该从"大病报销"模式逐步转向门诊报销和大病报销相结合的"保大兼保小"模式。[3] 一方面，对资金账户进行合理划分。若新农合筹资标准为年人均100元，则可以分成三个部分：第一部分为30元用作门诊报销，第二部分为50元用作大病报销，第三部分为20元用作预留资金，即当大病报销资金或者门诊报销资金不足时加以补充，如有剩余部分将作为积累资金转入下一年度使用。这样既能使农民门诊医疗的部分费用获得报销补偿，也能满足大病治疗的费用补偿。同时，应尽快规定"小病"医疗的报销项目与类别，确定医疗费用的起付线和封顶线。另一方面，高度重视公共卫生预防保健。在新农合制度的实践中，要从单纯的医疗型转向医疗卫生预

---

[1] 高丽敏：《新型农村合作医疗制度：问题与完善》，《中国初级卫生保健》2006年第1期。

[2] 高则一：《解读新型农村合作医疗制度：发展历程、困境和对策》，《前沿》2010年第1期。

[3] 申曙光、彭浩然：《全民医保的实现路径——基于公平视角的思考》，《中国人民大学学报》2009年第2期。

防保健型，提供与农民经济状况相适应的卫生预防保健服务，实现以较小的经济投入获得尽可能大的受益程度。做好预防保健工作，可以降低疾病的发生率，减少农民合作医疗成本，增强新农合制度的生命力。

4. 加强农村定点医疗机构建设

农村定点医疗机构是农民看病就诊的重要机构，也是新农合医疗服务的主要提供机构，因此，加强农村定点医疗机构建设，进一步规范定点机构行为，是实现新农合制度良性发展的重要保证。一要加强监管。中央和各级地方政府应设立专门的监管部门，对医疗的费用，药品的采购、销售和使用，医疗资金的管理情况和补贴情况，各定点机构的工作运行和发展状况进行精细化监管。同时，要定期将具体情况向其他各部门和群众进行公示，对违规操作的医疗机构给予经济处罚，对情节严重的吊销其运营资格。二要引入竞争机制。在定点医疗机构内部形成竞争局面，突破医疗机构的区域限制，允许农民自由选择定点医疗机构就医，促进合作医疗机构之间的相互竞争；在定点医疗机构外部产生竞争压力，大力发展非合作医疗机构和药品经营零售企业，准许其为农民提供相应的医疗服务，以打破合作医疗机构的垄断地位。三要加强医疗工作队伍建设。定点医疗机构的人员素质和数量直接决定着农村医疗的服务水平，可以通过加强基层医疗人员的专业知识与技能培训、注重培育医疗人员的高尚职业道德等途径来加强医疗工作队伍建设[1]，努力提高医疗服务质量。

第五节 教育救助制度

教育救助是与经济社会发展密切相关的一项社会事业，是有效缓解社会贫困和促进经济发展的核心要素。作为农村社会救助制度的重要组成部分，农村教育救助制度是指为保障农村适龄人口获得接受教育的机会，国家和社会从资金、物质、人才等方面对农村贫困地区和贫困家庭学生提供援助和支持的制度。[2] 其主要特征是通过资助、减免等方式帮助农村贫困人口完成相关阶段的学习，以提高其文化技能，最终解决他们的可持续生

---

[1] 高则一：《解读新型农村合作医疗制度：发展历程、困境和对策》，《前沿》2010 年第 1 期。

[2] 任洁琼、陈阳：《教育救助》，《社会福利》2002 年第 11 期。

计与发展问题。①

一 教育救助制度的建立与发展

在新中国成立初期，我国中小学阶段的教育基本上是实行免费政策的，自20世纪80年代初国家开始探索对教育体制进行改革。1985年5月，中央政治局讨论通过的《中共中央关于教育体制改革的决定》，揭开了我国教育体制改革的序幕。1986年4月，六届全国人大四次会议通过的《中华人民共和国义务教育法》规定：对全国所有适龄儿童和少年实行九年义务教育，只收适量书本费和杂费；义务教育事业，在国务院的领导下，实行地方负责，分级管理。这大大减轻了农村家庭的经济负担。但在建立"与市场经济体制相适应的教育新体制"的政策指引下，适学人群在非义务教育阶段仍然需要缴纳学费才能获得上学的机会，"上学难、上学贵"的问题在农村较为普遍。为了有效解决农村贫困家庭的适龄子女因为贫困而辍学的问题，1995年7月，国家教委②、财政部发布了《关于健全中小学学生助学金制度的通知》，开始实行助学金制度，我国教育救助制度由此迈出了实质性步伐。1999年6月，教育部、财政部下发了《关于进一步加强高校资助经济困难学生工作的通知》，将高校资助经济困难学生提升到"体现社会主义制度优越性，维护学校稳定和社会安定"的高度，并要求各高校落实勤工助学、贷款、补助、减免学费等相关政策进行教育救助。2001年5月，国务院颁发了《关于基础教育改革与发展的决定》，由此"两免一补"政策③开始逐步形成基本框架。2001年9月，教育部、财政部、国务院扶贫开发领导小组办公室发布的《关于落实和完善中小学贫困学生助学金制度的通知》提出，各地要设立助学金专款，用于抵减中小学贫困学生的课本费、杂费和补助寄宿制贫困学生的生活费等项目，助学对象要按照"民主、公平、公开"的原则进行评定。2004年2月，财政部、教育部发布的《关于印发〈对农村义务教育阶段家庭经济困难学生免费提供教科书工作暂行管理办法〉的通知》提出：对西部地区农村贫困学生要免费提供课本和补助寄宿生生活费，农村义务教育阶段的学杂费全部免除。2007年1月，中共中央、国务院在《关于积极发展现代农业扎实推进社会主义新农村建设的若干意见》中提出：

---

① 郑功成主编：《社会保障学》，中国劳动社会保障出版社2005年版，第266页。
② 国家教委在1998年3月更名为教育部。
③ "两免一补"是指免杂费、免书本费、补助寄宿生生活费。

2007年全部免除农村义务教育阶段学生的学杂费,对贫困家庭学生要免费提供教科书并且补助寄宿生活费,在有条件的地方可扩大免费和补助的实施范围。至此,中小学义务教育阶段的教育救助制度从中、西部贫困地区逐步推广到了全国广大农村地区。[①]

通过对合肥市农村贫困家庭在学子女每年接受教育支出费用情况的调查(见表3-5),发现贫困家庭在学子女每年接受教育支出费用在2000—3000元的占24.6%,支出费用在1000—2000元的占19.8%,支出费用在3000—4000元的占16.9%,支出费用在1000元以下的占15.6%,支出费用在4000—5000元的占14.6%,支出费用在5000元以上的占8.5%。总体来看,子女接受教育的支出费用在农村贫困家庭开支中所占比重很高,造成许多家庭生活非常困难,进而产生农村家庭子女上学难的问题。

表3-5　　　贫困家庭在学子女每年接受教育支出费用情况

子女每年接受教育支出费用	人数	有效百分比(%)	累计百分比(%)
1000元以下	59	15.6	15.6
1000—2000元	75	19.8	35.4
2000—3000元	93	24.6	60.0
3000—4000元	64	16.9	76.9
4000—5000元	55	14.6	91.5
5000元以上	32	8.5	100.0
合计	378	100.0	—

资料来源:合肥市农村贫困家庭生活状况调查。

针对这种情况,合肥市政府的相关部门制定了一系列教育救助政策,比如合肥市教育局在2011年大幅度增加财政投入,落实助学政策,扩大受助学生比例,提高资助水平;对于普通高中国家助学金所需的经费按照中央和地方政府6∶4的比例给予配套,其中县级财政供给的普通高中由省级与县级财政按8∶2比例分担,民办普通高中由省级与市、县级财政按7∶3比例分担;实施校内贫困学生资助办法,规定普通高中从事业收

---

① 李文静:《结合国外教育救助制度论我国教育救助制度的发展》,《科学之友》第3期。

入中足额提取3%—5%的经费,用于减免学费、设立校内奖助学金和特殊困难补助等支出。同时,还有许多单位和社会团体,如合肥市妇联、合肥市慈善协会等,对于新升入全日制普通高校的农村家庭学生,给予每人一次性3000元的助学补贴。在资助对象的选定过程中,注重完善资助对象的评审机制,加大对资助评定工作的监督力度,最大限度地发挥资助功能。在合肥市Y区教育局工作的张先生谈道:"为了保证资助经费真正用到符合条件的学生身上,合肥市不断加大对资助工作的监督力度:一是接受新闻舆论监督;二是要求各类资助必须在学校进行公示,以接受家长、学生、教师、社会监督;三是财政、审计参与各项经费的拨付与审计,接受财政、审计监督;四是定期组织专项工作检查,保证各项资助资金按时足额发放。努力做到资助对象认定准,资助效果好,社会评价高。"(个案访谈6 张先生)

针对贫困家庭子女的上学难问题,在国家实施助学贷款和奖学金政策的同时,一些其他单位和社会团体也相继开展了多种助学计划,如团中央、中国青少年发展基金会以救助贫困少年儿童完成义务教育为目的的"希望工程",截至2010年年底,"希望工程"累计募集捐款达70亿元人民币,资助农村家庭经济困难学生(包括小学、中学、大学生)逾380万名,建设希望小学17079所,建设"希望工程"图书室14753个,培训农村小学教师62000余名。[①] 全国妇联领导的由中国儿童少年基金会发起并组织实施的救助贫困地区失学女童重返校园的"春蕾计划",截至2010年年底,筹集资金累计10亿多元,捐建1000多所春蕾学校,资助200多万人次贫困女童重返校园,对40余万女童进行实用技术培训。[②] 此外,还有"安康计划"、"山区女童助学计划"、"西部开发助学工程"、"扶残助学活动"等社会公益项目。

二 教育救助制度评析

近年来,我国教育救助制度建设有了较大发展,但总体而言,目前尚处在起步阶段,还不能满足经济社会发展的要求,其中存在的一些问题需要认真加以研究与积极应对。

---

① 中国青少年发展基金会网站:《关于我们》,http://www.cydf.org.cn/about.asp。
② 中国儿童少年基金会网站:《春蕾计划介绍》,http://www.cctf.org.cn/cljh/cljh.asp。

(一) 教育救助制度存在的主要问题

1. 教育救助理念落后，国家财政投入不足

帮助贫困家庭子女接受教育是政府不可推卸的重要职责，但在有些地方领导干部观念中，教育则是一个沉重的包袱，尤其是农村基础教育更是一个累赘。"十年树木，百年树人"，有的干部认为教育投资大而见效慢，不管怎么努力也不能给自己带来多大的政绩。"再穷不能穷教育，再苦不能苦孩子"一直是地方政府的标语，但少数干部却口惠实不至，这虽与地方经济发展水平有关，但也与他们的思想观念密切相关。一些地方领导干部热衷于盖高楼、修广场，追求形象工程，却很少向农村基础教育投资。同时，就全国而言，国家性财政教育投入虽然在逐年增加，但仍远远低于发达国家甚至明显低于发展中国家的平均水平，我国财政性教育投入规模并没有随着经济的快速发展而得到相应扩大（见表3-6）。

表3-6　　　　2003—2010年全国财政性教育支出情况

年份	国家财政性教育经费（亿元）	国内生产总值（亿元）	国家财政性教育经费占国内生产总值的比重（%）
2003	2937.34	135822.8	2.16
2004	3365.94	159878.3	2.11
2005	3974.83	184937.4	2.15
2006	4780.41	216314.4	2.21
2007	7122.32	265810.3	2.68
2008	9010.21	314045.4	2.87
2009	10437.54	340506.9	3.07
2010	12550.02	401202.0	3.13

资料来源：根据国家财政部网站和国家统计局网站公布的数据整理而成。

2. 教育救助资源匮乏且区域之间、城乡之间资源配置不平衡

贫困地区由于受经济发展状况的限制，在办学条件、教学设施、师资质量等方面明显低于其他地区。于是，在贫困地区推行教育救助制度，除了要对贫困学生给各种资源外，还要改善办学条件，提高师资水平，吸引优秀教师在贫困地区工作，以及购置先进的教学仪器设备等。教育资源匮乏一直是制约教育救助制度发展的重要因素。一方面，就教师资源而

言,农村师资短缺,特别是农村贫困地区的师资严重匮乏,主要面临着普遍缺编、流失严重、补充不足、素质偏低、待遇不高五大问题;而且还普遍存在着教师专业不对口的现象,比如在青海西宁地区,农村学校有 1/3 的教师所学专业与从教专业不一致。另一方面,我国区域之间、城乡之间教育资源配置很不平衡。财政拨款最高的地区较最低的地区而言,前者对小学、初中、普通高中、职业中学和普通高校的投入分别为后者的 10.2 倍、8.9 倍、7.8 倍、5.6 倍和 8.1 倍。这一状况在短期内将不会有很大改变。①

3. 教育救助程序不规范,运行保障机制不完善

我国目前教育救助在程序与保障机制方面存在的缺陷,主要表现为:第一,教育救助政策的宣传力度有待进一步加大。由于对有关政策的宣传不到位,许多贫困家庭不了解教育救助制度,尤其是在一些偏远、落后地区,这种情况更为明显。第二,认定救助对象的方式有待改进。由于社会对贫困救助持有偏见,把贫困救助误认为是政府给予的施舍,致使许多贫困家庭学生碍于面子或害怕被同学笑话,不愿或不敢向学校申请困难救助;而且,有些教育救助部门在确定救助对象时,往往把学生的学习成绩作为隐性条件,造成许多学业成绩较差、家庭贫困的学生被迫辍学,因此需要扎实做好对救助对象的界定工作,改进教育救助金的申请与领取方式。第三,临时性资助色彩浓厚。我国对弱势人群采用的救助措施大都具有临时性特点,有钱就资助,没钱不资助,随意性较大。资助措施通常没有长远规划,也没有上升到法规层面,对救助教育弱势人群的作用有限。第四,缺乏教育救助保障机制。教育救助工作主要由学校具体实施,但随着我国教育体制改革不断深化,学校需要自己筹集更多的办学资金,而教育救助又缺乏运行保障机制。因此,许多学校从自身利益出发,不愿意接受和实行相关的教育救助措施,而把资金用于其他方面建设,导致一些教育救助制度难以落实。

4. 教育救助与就业救助之间缺乏有效衔接

从脱贫解困的角度来看,对农村贫困家庭子女进行教育救助,提高他们的文化素质和专业技能,可以为其就业做好准备,最终实现脱贫目标。

---

① 陈成文、胡书芝等著:《社会救助与建设和谐社会》,湖南师范大学出版社 2007 年版,第 239 页。

成功就业是脱贫解困和教育救助投资收获效益的有效途径。但由于困难家庭在经济条件和社会资本方面都处于弱势地位，对其子女就业不仅投入有限，而且获得就业的信息、机会等诸多方面也会受到影响。教育部2010年第10次新闻通气会公布，2009年全国贫困大学生人数为527万人，占在校生总人数的23.06%；特别贫困大学生人数为166.1万人，占在校生总人数的7.27%。①贫困大学生受社会环境、家庭经济条件、个人自身因素的制约，就业较为困难，迫切需要通过得到就业援助来改变这种状况。可见，就业救助制度和教育救助制度是帮助教育投资获取成效的两项重要制度，它们属于同一条救助链的两个环节，倘若这两项制度不能实现有机配合，必将损坏救助链条的完整性和有效性，从而大大影响教育救助的功能发挥。但就目前情况而言，教育救助和就业援助是单独实施的，并没有实现二者的有机衔接与相互照应。

（二）教育救助制度的改进措施

1. 合理界定各救助主体的权责，加大教育资金筹集力度

政府具有对公共资源进行管理与分配的权力，承担着制度设计、资金供给、组织实施的主体责任，救助农村贫困家庭在学子女必然是政府道义上和法律上的职责所在。学校是进行教育培养的直接机构，应积极落实国家的救助政策，并向经济困难的学生提供自己的教育援助。社会各界应大力发展慈善救助事业，积极鼓励社会捐赠，注重发挥其教育救助功能。在厘清政府、教学单位和社会组织的职责的基础上，应进一步协调好政府有关部门之间的救助权责，主要是合理界定民政部门、教育部门和财政部门的责任范围。民政部门应通过摸底清查逐级建立贫困家庭学生的救助数据库和救助档案；教育部门认真协助民政等有关部门做好救助工作，及时提供贫困学生的基本情况并积极鼓励学校实施各类教育救助；财政部门积极配合民政和教育部门扎实做好救助资金的合理分配。②

在救助资金筹集方面，政府应扩大财政性教育投入规模，加大对农村贫困地区教育的支持力度。国家财政和各级地方财政在进行年度财政预算时，都应按比例列支经费，用作设立教育救助专项资金，以保证救助资金来源的稳定性。为了解决地区间、城乡间教育救助发展的不平衡问题，国

---

① 王广飞：《贫困大学生"学习力"问题探析》，《黑龙江高教研究》2011年第3期。

② 肖云、赵品强：《农村低保家庭子女高等教育阶段教育救助研究——基于农村反贫困视角》，《农村经济》2010年第5期。

家可以考虑将救助的统筹层次提升到省级以上，并提取一定的救助资金用于全国调度经费，进一步增强地方政府开展教育救助的能力。当然，单纯依靠政府的资金投入还远远不够，"希望工程"、"春蕾计划"、"安康计划"以及社会各界开展的其他助学活动，都很好地反映了民间组织对国家教育救助政策的有力支持。为了将教育捐助活动持续深入地开展下去，使之步入制度化和规范化的轨道，政府应当培育、发展更多的民间社会救助团体和基金会，也可以考虑发放教育彩票等办法来筹措教育救助资金，以解决资金短缺问题。

2. 完善教育救助法律体系，健全救助评估与管理机构

当今世界不管是发达国家还是发展中国家，都很注重对农村贫困学生的教育救助工作，只不过实施救助的规模和程度有所不同。由于贫困的客观存在和有偿教育在短期内无法得到改变，故作为社会救助制度重要组成部分的教育救助制度也会长期运行下去。在发达国家，关于教育救助的法律法规通常都比较严谨细致，救助的评估、管理与监控机构都十分健全，于是教育救助制度的运行也较为顺畅。我国目前有关农村教育救助的法律法规在整体上还不完善，主要是针对救助的不同层面或者只是就某项救助措施进行相应的规定，还缺乏教育救助法律法规的系统性设计。因此，迫切需要对其进一步完善，以确保对农村贫困学生救助取得更大成效。在合肥市 Y 区教育局工作的张先生谈道："在教育救助的实施过程中，由于相关法律体系的不完善，在发放贫困学生助学贷款时便会发生一些不良情形。一方面，经济困难学生急需国家助学贷款以完成学业，另一方面，银行却担心学生的诚信有问题，而事实上也的确存在少数学生声称自己经济困难以骗取银行贷款的现象。这种矛盾严重阻碍了国家助学贷款的发放程度，如果有完善的法律制度进行规范，就很少会出现冒领助学金的行为。"（个案访谈 7 张先生）

此外，教育救助制度的有效运行还要依赖全国性的、系统性的救助对象认定管理机构。有关部门在对农村贫困家庭及其在学子女的情况审核和受助资格认定之后，应做到及时跟踪、动态管理，以确保救助资金的有效运用，避免发生资金误用于非救助对象的情况。

3. 建立高效的教育救助运行机制，实现教育资源的优化整合

我国教育救助制度的实施有时会涉及很多地区、很多部门，需要救助的内容也比较繁多，包括学校危房修建、改善基础设施、增添教学仪器设

备、提升师资质量等,而对贫困家庭学生的救助可分为两个阶段,即义务教育阶段的救助和有偿教育阶段的救助,尤其是步入高等教育的学生,跨区域的现象非常普遍。因此,有必要建立高效有序的教育救助运行机制,实现教育救助资源的效益最大化。当前,应注重在财政、教育、民政等相关部门之间以及地方政府的基层组织之间,形成一个顺畅的相互沟通渠道,以实现多部门的合理分工与积极协作。同时,还要扎实做好以下几方面的工作:

第一,促进教育救助方式的整合。一方面,从救助分立到救助整合。我国在实施教育救助的过程中,存在政出多门、救助力量分散、救助对象重叠等诸多问题。要扭转这种状况,需设立一个专门机构(如国家教育贫困学生资助中心)来统筹安排和组织实施对贫困学生的救助工作,以实现救助资源的有效整合,发挥各种救助措施的综合效用。[1] 另一方面,从主要救助贫困地区转向救助贫困地区与救助贫困学生个体相结合。我国目前的教育救助更多地倾向于救助贫困地区或薄弱学校,不同程度地存在救助措施笼统、救助对象模糊等缺陷。贫困地区及落后学校也不是所有的学生都要救助,而经济发达地区也会出现上不起学的情况。因此,需要把救助贫困地区及薄弱学校与直接救助贫困学生个体结合起来。

第二,对教育救助的基本情况进行科学管理。掌握救助对象的基本情况和救助资金的分配状况,是建立有效救助机制的重要基础与前提条件,故首先要认真做好贫困学生人数的统计工作。但目前还没有全国性的贫困家庭及其在学子女的统计网络,掌握其真实情况的难度很大,也必然会影响到救助的实际效果。因此,当前需尽快建成全国性的教育救助计算机网络系统,用来对教育救助的基本情况进行动态管理。这样可以让全社会了解教育救助的实施状况,既能起到社会监督的作用,又能促进人们对教育救助事业重要性的认识,为更好地开展教育捐助活动发挥积极的作用。

第三,补充和优化贫困地区的教育人力资源。一是教师流入地要对流出地进行补偿。国家应出台相关政策,对农村贫困地区优秀教师的流失加以规范管理,要求流入地必须对流出地作出补偿,使流出地可用补偿金来聘用其他合适教师,或为在岗教师提供学习进修机会。二是建立城市教师支教的长效机制。大力推进城市教师尤其是优秀骨干教师积极援助农村学

---

[1] 陈成文、胡书芝等著:《社会救助与建设和谐社会》,湖南师范大学出版社2007年版,第246页。

校的支教政策,并将支教情况作为他们晋升职称与职务、参评优秀或特级教师的必备条件;还应将传、帮、带农村教师的数量与业绩作为考核、评价城市优质学校和教师的重要标准。支持当地高校与教师培训机构同中小学建立合作关系,积极组织专家深入农村学校,帮助农村教师提高教育教学水平。三是提高与保障教师的地位和待遇,增强教师职业的吸引力和教师队伍的稳定性,为农村教师队伍的建设和管理搭建良好的平台。①

4. 促进教育救助与就业救助之间的"无缝"衔接

只有将就业救助同教育救助进行有效衔接,才能促进教育救助发挥最大功效,使得保障救助系统更具完整性和实效性。国家应制定相关的救助政策与实施办法,如免费为贫困毕业生提供就业信息和就业咨询、开展就业招聘会、提供就业援助资金、对于录用贫困毕业生的单位给予一定的税收优惠、减免有关费用等。在合肥市人社局人才服务中心工作的王先生谈道:"2011 年我们陆续举办了 30 多场专场招聘会、网络招聘会、就业见习对接会,并且还采取四项措施,帮助贫困毕业生就业:一是开辟贫困毕业生窗口。在中心办事大厅开辟了未就业贫困毕业生登记窗口,对其提供有针对性的就业服务。二是开展就业援助周活动。在活动中,对登记的未就业贫困毕业生,优先给予岗位推荐、公益性岗位安置、就业见习。三是免收档案管理费。对存放档案的 2011 届未就业贫困毕业生,免收两年的档案管理费用。四是发放《就业失业登记证》。在操作过程中,把握好申请、审核、审批、发放 4 个环节,我们中心已为多名困难毕业生办理了登记证。持证的学生可办理就业与失业登记,享受相关的就业救助。"(个案访谈 8 王先生)总之,在制定政策与措施时,应将教育救助和就业救助进行统筹考虑、合理安排;在管理运作上,国家和地方政府的民政部门应建立专门机构对教育救助和就业救助进行统一管理②,以保证二者的规范、协调和有效运行,从而促进教育救助同就业救助的"无缝"对接。

---

① 学信网:《民进中央提案建议农村教师流失应建立补偿制度》,http://www.chsi.com.cn/jyzx/200703/20070314/758577.html。

② 肖云、赵品强:《农村低保家庭子女高等教育阶段教育救助研究——基于农村反贫困视角》,《农村经济》2010 年第 5 期。

第四章 农村社会救助的非政府组织介入

政府始终是社会救助工作的主导力量，在社会救助体制中居于核心地位。在特定的社会历史条件下，政府包办农村社会救助的方式具有一定的必然性和合理性。在经济体制转型与农村社会变革的过程中，仅靠政府实施农村社会救助越来越难以适应农村贫困的新形势，并日益面临新的挑战，因此非政府组织（Non‐Governmental Organizations，NGO）介入农村社会救助是社会经济发展的客观要求。本章探讨非政府组织介入农村社会救助的优势与模式、当前非政府组织介入农村社会救助存在的主要问题及其原因，并对非政府组织如何有效介入农村社会救助提出一些建议，以期更好地发挥非政府组织在农村社会救助中的积极作用。

第一节 非政府组织介入社会救助的优势与模式

非政府组织是指不以营利为目的、主要开展公益性或互益性活动、独立于党政体系之外的正式的社会组织。[1] 作为农村社会救助工作的重要社会主体，非政府组织在补充救助资金、提高工作效率和满足救助多样性需求等方面具有独特的优势，并且其救助模式也具有多种类型。

一 非政府组织介入社会救助的优势

（一）增加社会捐赠来源，弥补政府财政投入不足

非政府组织的最大特点是不以营利为目的，在开展社会公益活动中坚守利他主义的价值观，很容易获得公众的信赖与支持，所以比政府和企业更容易得到社会各界的捐赠。同时，非政府组织在救助过程中实行比较自由开放的公众参与机制，相对于政府救助而言，更容易接受社会群体的直

---

[1] 王名、刘培峰等著：《民间组织通论》，时事出版社2004年版，第4页。

接监督，能够在很大程度上避免贪污与浪费，也有助于发挥社会闲置资源的最大化效用，为农村救助对象提供优质的服务与帮扶。而且非政府组织是由有着相同的目标与兴趣的人自愿组建而成的，他们之间没有自身利益上的根本冲突，只有朝着某一共同目标进行努力的美妙理想，因此可以募集到更为丰富的社会救助资源。[1] 如中国青少年发展基金会于1989年实施的"希望工程"，18年来共募集资金逾35亿元人民币，其中资助贫困学生290多万名，援建希望小学13000多所，捐赠希望书库、希望图书室13000多套，培训乡村教师逾35000名。[2] 可见，非政府组织所获得的捐赠大大增加了救助资源总量，有力地缓解了政府财政投入不足的问题。

（二）准确了解农村社会救助对象的基本情况

我国农村社会救助涉及面广、对象十分复杂，既有农村低保户、五保户，还有需要接受医疗救助、教育救助和灾害救助等多种对象。政府在了解救助对象的基本信息时，由于本身存在结构复杂和体制层级较多的情况，有可能出现信息掌握不全面和信息传递不准确等现象。相比之下，非政府组织尤其是农村社区内部的非政府组织近距离接触农村社会，更了解农民的真实情况，其工作人员通过深入农村基层和偏远地区，所以能够容易收集到有关农民贫困的第一手资料，从而为提高救助的准确性和发挥救助资源的有效性提供了良好的基础性条件。[3] 同时，由于各个非政府组织都具有自身的针对性，这使其之间可以相互补充、取长补短，以充分发挥非政府组织的整体救助潜力。

（三）提高农村社会救助的实施成效

政府作为社会公共事业的管理者和服务者，必然要承担起解决农村贫困的主要职责，况且政府拥有其他社会组织所没有的优势、权威和控制力，所以政府理当成为农村社会救助的核心力量。但是政府却不可能将触手延伸到偏远山区和农村的每一个角落，难免出现调度失灵、协调失衡、行动迟缓等现象。这就必然要求政府与各种社会组织通力协作，共同实施农村社会救助。非政府组织作为社会组织的重要力量，始终充当着社会问题的"缓解器"，其公益性、志愿性尤其是灵活性的特点使其既关注农村

---

[1] 史传林：《非政府组织参与农村社会救助的优势与模式》，《学习论坛》2008年第12期。
[2] 中国青少年发展基金会：《希望工程学生资助项目介绍》，http://www.cydf.org.cn/xwgcxmjs.asp？cc=1&dd=11。
[3] 史传林：《非政府组织参与农村社会救助的优势与模式》，《学习论坛》2008年第12期。

社会运行的各个层面、监测农村地区发展，也可以本着自身的组织目标和工作人员的理想与使命根据农村贫困的实际状况，迅速组织并有针对性地开展社会救助工作，在填补政府在农村社会救助方面缺位的同时，也提高了救助工作的成效。

（四）丰富农村社会救助的具体内容

非政府组织实施农村社会救助的内容包括：一是基本生活救助。通过提供救助款物等形式，帮助贫困人群解决衣食住行、日常开支等基本生活问题。二是专项特殊服务。定期向农村贫困居民提供各种费用补助，如医疗费用、子女教育费用、危房改建费用，以及老弱病残人员的护理费用等；健康体检服务，对于患病行动不便的人群提供上门医疗服务；提供心理咨询服务和法律援助等。三是促进农村社会保障逐步将贫困农民纳入正规体系。农村社会保障体系应突破地区和行业界限，努力实现覆盖农村全体居民。但就我国现阶段的经济发展水平来说，政府还无法在短期内将全体农民纳入社会保障政策体系中，因此非政府组织的作用就凸显出来。非政府组织通过宣传、引导、研究等方式来推动社会各界人士对生活困难群体的关注和帮助，并且自身也主动加入到救助困难群体的队伍之中，从而促进社会保障政策逐步将其纳入正规体系。[1] 非政府组织还弥补了政府救助政策的有限性，救助了政府目前尚无力帮助的困难群体，使他们得到了稳定的生活保障与社会安全感。

二 非政府组织介入农村社会救助的模式

非政府组织开展农村社会救助工作，不仅要充分发挥自身优势，更要积极参与到政府的救助项目中来，在同政府的通力合作中努力提升农村社会救助的水平与成效。基于我国政府和非政府组织之间的一般关系，非政府组织实施农村社会救助的模式主要有四种类型[2]。

（一）NGO 与政府的项目合作

这种合作模式是由政府提供救助资金、非政府组织进行具体救助行为，以协议形式确定二者之间的权利与义务关系，在项目完成时由政府组织验收与绩效评估。这种模式其实是将非政府组织的专业化与政府的救助资金结合起来，实现资源优势互补，同时也可以加强非政府组织和政府之

---

[1] 张淼、黄晓维：《非政府组织在救助弱势群体中的作用》，《辽宁教育行政学院学校》2010 年第 1 期。

[2] 史传林：《非政府组织参与农村社会救助的优势与模式》，《学习论坛》2008 年第 12 期。

间的交流与协作关系。如国务院扶贫办、亚洲开发银行、江西省扶贫办和中国扶贫基金会于 2005 年 12 月在人民大会堂启动了"政府和非政府组织合作实施村级扶贫规划项目",该项目由国务院扶贫办和江西省扶贫办提供 1100 万元的财政扶贫资金,全权委托中国扶贫基金会面向国内非政府组织进行公开招标,在江西省的 22 个重点贫困村实施"村级扶贫计划项目"。该项目的启动与实施表明政府扶贫资源首次正式公开向非政府组织开放,也表明政府开始在公共事业领域引入竞争机制,这是政府与非政府组织合作方式的有益尝试①,有利于提高政府在农村贫困救助方面的效率和发挥非政府组织在农村贫困救助中的功能。

(二) NGO 与政府的资源合作

这种合作模式是由政府与非政府组织共同提供资金、共同计划与实施的社会救助项目,双方地位较为平等,非政府组织具有较多的治理和决策权力,在项目运行上拥有较大的发言权。随着社会需求逐步多样化,单一组织的救助资源日益不能满足救助对象的各类需要,所以组织之间的资源互补就显得格外重要。据中国青年网报道,香港乐施会与国务院扶贫办外资项目管理中心于 2006 年 5 月 31 日在南宁签署了 3 年战略合作框架协议。按照协议,香港乐施会每年投入 3000 万元资金用于支持内地不同省区的扶贫、救援、扶贫研究及合作伙伴能力建设等各类项目活动,并通过与国务院扶贫办外资项目管理中心,以及与各省扶贫办、各级政府部门、相关单位和民间团体的广泛合作,发挥彼此的优势,取长补短,共同推动中国扶贫事业的发展。②

(三) NGO 独立实施

这种模式是指非政府组织不再作为政府的配角和合作者,而在农村社会救助的决策、出资、项目计划、管理及验收评估等整个过程中都拥有充分的自主权。在政府力量无法覆盖的农村社会救助"盲区"与"失灵"领域,非政府组织能够以自身独特的优势在救助中发挥巨大作用。如成立于 1985 年的爱德基金会是由中国基督徒发起、社会各界人士共同参与的非营利性公益机构。至 2009 年,爱德基金会累计从海内外筹集资金 11 亿

---

① 孔金平、涂文静:《非政府组织在农村社会救助中的作用》,《行政论坛》2008 年第 1 期。

② 中国青年网:《香港乐施会与国务院扶贫办合作推动内地扶贫事业》,http://vweb.cycnet.com/cms/2006/2006 youth/xw/yw/t20060531_ 328280.htm。

多元,为全国31个省、市、自治区200多个县、市数百万贫困人群提供了帮助。[①] 此外,中国人口福利基金会、中华慈善总会、中国国际民间组织合作促进会、救助儿童会等非政府组织在农村独立开展了大量救助活动,包括生存救助、教育救助、贫困母亲救助、技术扶贫、文化扶贫等。

（四）乡村社区组织

中国扶贫基金会、中华慈善总会和爱德基金会等此类"外生型"非政府组织,是从乡村社区的外部筹措救助资源,对农村救助对象实施救助。除此之外,在乡村社区的内部,也存在着大量诸如某村慈善协会、公益基金会、公益社团合作、老年协会、爱心协会等组织,这些"内生型"组织尽管掌握的救助资源有限,但也在通过各种方式对农村困难群体实施救助。这些组织扎根于村落社区,救助资源主要来源于村民捐赠和志愿服务,其工作人员也由村民自愿组成,与救助对象的心理距离较小,因而能够很好地满足救助对象的个性化与多样化需求,在农村救助体系中始终起着基础性作用。针对政府和乡村社区之外的非政府组织救助力量有限的情况,现阶段应该积极发展乡村社区组织,并增强其开展救助能力。乡村社区组织本身也要努力对外拓展,加强救助项目的宣传与推介,以获得更多社会资源对农村社会救助工作的支持。

第二节 非政府组织介入农村社会救助的问题分析

非政府组织对农村贫困人群进行救助扩大了社会参与,维护了社会公平与稳定。然而,由于我国非政府组织介入农村社会救助领域还处于起步阶段,在实施救助过程中还存在着诸多不规范的地方,需要对其产生原因作出认真分析。

一 非政府组织介入农村社会救助存在的问题

毋庸置疑,非政府组织在农村社会救助中发挥着重要的作用,但就目前情况来说,我国非政府组织的培育和发展是远远不够的,非政府组织在

[①] 国家宗教局网站:《爱德基金会开展慈善事业的实践》,http://www.sara.gov.cn/zjzc/zjcs/458.htm。

参与农村社会救助过程中还存在着一些问题。

（一）政府对NGO的发展支持不够

当前，在我国"大政府、小社会"的情况下，政府在社会救助中存在着包办的现象，这使得非政府组织的处境十分尴尬，也降低了非政府组织实施农村社会救助的成效。其原因在于政府对非政府组织的态度仍然存有较为复杂的矛盾心理。一方面，繁重的农村社会救助工作需要非政府组织的共同参与和密切配合；另一方面，又过多担心非政府组织的发展壮大可能会成为社会的不安定因素，于是造成了政府在实际工作中时常犹豫不决，对非政府组织的发展支持力度不够。这种情况在筹款与募捐的问题上表现得格外突出。国际上的非政府组织可以自行筹款，而我国非政府组织在很大程度上缺乏独立筹款权，这严重影响了我国非政府组织的健康发展。汶川地震发生后，民政部先后批复了中国老龄事业发展基金会、中国青少年发展基金会、中国扶贫基金会等16家全国性基金会可以开展募捐活动，但大多数非政府组织却没有募捐资格，只能依靠自身力量调动资源进行捐赠。同时，由于历史原因，我国现阶段非政府组织的行政化色彩较为浓厚，而且运行不规范，既不独立于政府，又不独立于市场，并在政策法规上也不能受到应有保护，这些不利因素使我国非政府组织的发展困难重重，尤其是在登记注册、管理和年审等方面。总之，对非政府组织缺乏正确的认识，加上政府的过多管制措施，使得我国非政府组织陷入自主性不强的被动局面，并逐步沦为各个政府部门的附庸，失去了自身的独立性，这必然增加了许多非政府组织的发展难度。

（二）NGO运行经费短缺

经费短缺一直是制约我国社会救助政策实施的重要问题，不管是政府救助还是非政府组织救助。从理论上来说，非政府组织有财政拨款、社会各界捐赠、会费和附加收入等多种经费来源，由于有着广泛的民众基础作为保障，其经费来源理应十分充足，但实际上我国非政府组织的运行经费却相当短缺。当前，我国"内生型"非政府组织和"外生型"非政府组织都在不同程度上存在着经费短缺的情况，约有半数的非政府组织活动经费来源于政府的财政拨款、补贴以及项目经费，而会费仅占21%。[1] 非政府组织的筹集资金能力不强，经费来源结构单一，使得越来越多的非政府

---

[1] 邓国胜：《非营利组织评估》，社会科学文献出版社2001年版，第58页。

组织由于活动经费短缺而无法更好地实施农村社会救助。我国每年通过各种形式募集到的慈善捐款为 50 亿—70 亿元，收到各种来自境外非政府组织的捐款总数大约在 20 亿—30 亿元。即便按照 100 亿元计算，这个规模也只相当于英国的 25%，而仅相当于慈善大国美国的近 0.5%。[①] 而非政府组织每年支出费用在 50 万元以下的超过了 90%，其中，支出费用为 1 万—5 万元的占 20.8%，5 万—10 万元的占 16.6%，10 万—50 万元的占 23.7%。在非政府组织经费的支出结构中，平均活动经费（包括设备购置费、宣传费、通讯费和咨询费等）所占比重最高，为 45.5%；其次为人工费用（包括工资、奖金和补贴等），为 34.16%。[②] 由此可见，经费短缺造成救助能力有限的问题已成为我国非政府组织面临的关键问题。为此，非政府组织更多的是依靠企业与私人的资助或者逐渐放弃其非营利的属性来谋求自身的生存与发展，于是就很容易造成民众对非政府组织的误解，削弱其参与农村社会救助的积极性，从而影响了整个农村社会救助事业的健康发展。

（三）NGO 人才十分匮乏

非政府组织运行经费的严重短缺导致了其专业人才十分匮乏。我国非政府组织的工作队伍由三个部分组成：专职工作人员、兼职工作人员和志愿者。专职工作人员是非政府组织正常运作的骨干力量，而我国目前的情况是非政府组织专职工作人员数量较少且专业技术知识欠缺，难以适应复杂的农村救助工作，严重影响了非政府组织服务内容的拓展，损害了非政府组织在民众中的良好形象。有调查显示，在社团和基金会中有 90% 以上的工作人员没有接受过正式专业技术培训，很多组织由于薪酬太低聘不到专职人员，只能依靠少数兼职员工勉强维持运行。[③] 在参与农村社会救助过程中，因为非政府组织的专业人才匮乏，对救助活动很少提出具有建设性的建议，大大降低了非政府组织进行农村社会救助的实施成效，使得政府与民众对非政府组织参与救助的能力产生怀疑，从而影响了非政府组织参与农村社会救助的效率和非政府组织自身的良性发展。从制度层面来说，由于"政社不分"状况的存在致使我国大多数非政府组织的职员来自政府机构，这种人事制度造成非政府组织很少自主吸收人才以提升内部

---

① 王名主编：《中国非营利评论》第一卷，社会科学文献出版社 2007 年版，第 72 页。
② 邓国胜：《非营利组织评估》，社会科学文献出版社 2001 年版，第 59 页。
③ 王名主编：《中国非营利评论》第一卷，社会科学文献出版社 2007 年版，第 172 页。

的管理与服务质量。事实上，我国自愿加入非政府组织的专业人才比较少见，客观原因是非政府组织的酬薪与福利水平远低于政府和企业，使得许多专业人才对之存有怨言或将之作为职业生涯转变的跳板，这在很大程度上导致非政府组织难以吸引和留住人才，其工作队伍主要是由充满爱心的志愿人士组成，缺少相关领域的专业知识，也没有接受过专门的培训，从而大大降低了非政府组织参与农村社会救助的能力与成效。因此，如何吸引和稳定既有爱心又有专业水平的优秀人才是摆在非政府组织面前的严峻问题。

（四）NGO 相关法律体系不健全

我国目前还没有一部完整的关于非政府组织管理方面的法律文本。改革开放以来，尽管制定了一些有关非政府组织参与政府活动与行政决策的法律规章，如《民办非企业单位登记管理暂行条例》《基金管理条例》《取缔非法民间组织暂行办法》《社会团体登记管理条例》等，[1] 这些法律规章原则性虽强，但都是不完整的，缺乏系统性，并且缺乏相应的司法解释与具体的实施细则。在现实中，许多具有法律效力的法规内容过于重视登记注册程序，没有对非政府组织在社会救助中的地位、性质、活动规则和财务制度等作出明确规定，其可操作性与针对性不强，这就造成了非政府组织在实施救助过程中难以发挥自身优势和政府对非政府组织管理的随意化现象，加上立法机构和政府部门在完善法律过程中往往仅从"管住"非政府组织的角度出发，忽视了非政府组织的自身发展规律，致使行政色彩过浓，这种状况导致非政府组织难以快速和健康发展，因此，建立完善的非政府组织管理法律体系已成为我国政府理顺非政府组织工作的重要任务。

二 非政府组织介入农村社会救助存在问题的原因分析

我国目前非政府组织的发展水平较低，在农村社会救助中呈现出许多问题，通过对这些问题的成因分析，我们可以更加明确我国非政府组织的改进措施与发展方向。

（一）NGO 的社会认可度和公信力较低

由于非政府组织在我国还处于初步发展阶段，大多数民众对其了解非

---

[1] 秦勃、张蕊：《试论我国非政府组织政策参与存在的问题、原因及路径选择》，《行政与法》2009 年第 8 期。

常有限,况且还存在一些认识误区。因此广大民众对非政府组织的认可程度不高,这就使得非政府组织在我国的发展缺乏一个良好的社会氛围和民众支持,社会捐赠款物总量很少,从而制约了非政府组织活动的正常开展;而且我国的非政府组织比较缺乏国际视野,眼光仅仅局限于国内,较难获得国际上的支持与帮助,对于国际资本和国际捐赠的吸引力不够。同时,非政府组织的宗旨是不以营利为目的的,其经费来源主要是政府的财政拨款,这使其对政府产生了较强的资源依赖,自身难以实现独立与自治。加上许多非政府组织恰恰是从政府部门转变而来的,也有一些是直接挂靠在政府部门之下的,这就更使其独立性较弱,独立自主开展活动较为困难。独立性的缺失很容易使其带有浓厚的官僚化和商业化倾向,有的非政府组织甚至违背非营利的宗旨,开展经营活动牟取利益,致使民众对其宗旨产生怀疑态度,也降低了非政府组织的社会公信力,这就直接导致非政府组织参与社会救助缺乏深厚的民众根基和广泛的人才支持。

(二) NGO 没有法律地位,使其活动经费缺乏保障

我国的非政府组织实行双重管理制度,其在申请成为独立法人时,必须首先通过业务主管单位审查同意,然后在民政部门申请登记注册。而业务主管单位必须是县以上各级党政部门和由民政部授权的人民团体等机构。[1] 可是由于责任重大,大部分政府部门都不愿意成为非政府组织的业务主管单位,这就造成了许多没有官方背景的非政府组织"无人认领"的现象,无法在民政部门注册登记成为合法的非政府组织,致使有些在未登记的情况下从事"非法"活动,或者转而以企业的名义到工商部门进行注册;而且在法律上对于成立合法的法人社会组织的人数及资金有着较高要求;更为苛刻的是,不允许在一个地区存在两个以上的相同性质的组织,使得大多数的非政府组织无法注册登记,在监管上也产生了种种问题。很多非政府组织因此无法开通银行账户,只能使用个人账户开展各种活动,而个人账户在开展活动中常常难以得到民众信赖,这就影响了人们的捐赠行为,大大降低了非政府组织开展救助资金募集活动的成效,从而导致非政府组织的活动经费缺乏保障。

(三) NGO 的自身结构不够合理

我国非政府组织的发展既受到外部条件的限制,又面临着内部因素的

---

[1] 中国网:《全国政协委员提出 NGO 双重管理破局设想》,http://www.china.com.cn/2007lianghui/2007 - 03/13/content_ 7953043.htm。

制约。就非政府组织的结构而言,非政府组织本应由社会进行选择,但其发展在很大程度上是由政府部门进行选择的,所以非政府组织的结构就难以体现社会的需要,结构不合理的现象比较突出。这种不合理主要表现在两个方面:一是功能的不合理;二是服务对象结构的不合理。从功能上看,有人曾对全国性社团进行了分类,结果发现其中学术交流类社团占总数的48%,业务管理类社团占28%,文体联谊类社团占11%,而公益服务类社团仅占6%。可见,公益服务类的社团发展缓慢。从服务对象结构上来看,非政府组织结构失衡程度比较明显。如图4-1所示,在48家利益代表类社团中,有27家是为优势群体服务的,有17家是为中间群体服务的,仅有4家是为弱势群体服务的。[①]

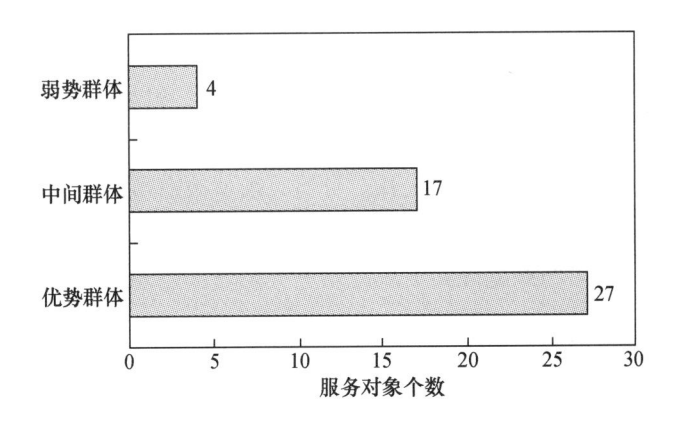

图4-1 中国社团服务对象情况

(四) NGO 的运作模式不够成熟

就非政府组织的运作模式而言,目前还不够成熟。内部治理结构如何建立、外部活动方式如何选择,都是制约我国非政府组织发展的重要因素。在内部治理结构上,据清华大学 NGO 研究所的调查表明,我国根据组织章程民主选举产生管理干部的非营利组织低于30%,而近2/3非营利组织的干部要么直接来自于业务主管部门的派遣或任命,要么由组织负责人提名推荐得到业务主管部门的批准。其结果必然是:我国很多非政府

---

① 王名、刘国翰、何建宇:《中国社团改革——从政府选择到社会选择》,科学文献出版社2001年版,第115页。

组织缺乏独立的人事任免权与决策权,其执行负责人事实上并不具有对组织的管理控制权,这就更加削弱了非政府组织的自治性和独立性;并且有近50%的非政府组织还没有设立正式的决策机构,其内部决策只是根据领导个人的偏好,从而影响了决策机制的民主化和决策过程的科学化。在组织外部活动方式上,我国的非政府组织参与农村社会救助活动的方式仍受传统因素的影响,容易选择"运动式"的模式,况且我国非政府组织深受资金与技术条件的限制,致使农村社会救助的成效不够明显。

第三节 非政府组织有效介入农村社会救助的构想

非政府组织凭借自身的独特优势,在农村社会救助方面负有义不容辞的责任。随着政府职能的进一步调整与转变,迫切需要大量的非政府组织来承担对农村贫困群体的救助工作。针对目前非政府组织在发展中存在的问题,我们应积极创造条件,努力完善非政府组织对农村贫困群体的救助机制,推动非政府组织的健康发展,促进社会救助资源的公平分配,发挥其在农村社会救助中的应有作用。

一 树立正确的 NGO 理念和价值观

当前我国非政府组织在发展中存在的诸多问题,在很大程度上是由于人们对非政府组织的认识和定位不够准确。而且非政府组织对自身权利与社会责任的认识也较为模糊,缺少组织目标和动力,许多非政府组织实际上是在变相地行使着政府的职能,显得激励力度不够、盲目,缺少长远发展规划,难以形成主观能动性,自身发展后劲不足。随着政府管理方式的进一步变革,这种状况严重束缚了非政府组织的自身发展和政府的手脚。解决非政府组织的社会认可度和公信力较低的问题,需要实现体制与观念上的转变,非政府组织和社会民众首先要树立正确的理念意识,明确非政府组织在农村社会救助中的具体定位。

作为农村社会救助的重要力量,非政府组织的使命与价值观确立极为重要,所以非政府组织在开创之初,就应首先明确自身的使命与价值观,然后在此价值观的指导下,对自己的发展做出合理规划,并制定实施救助活动所应实现的目标及其采取的方法与措施,这样才能围绕明确的目标进而形成强大的感召力，以增强非政府组织的社会认可度和公信力。在参与农村社会救助时，我国非政府组织本着志愿性和公益性的原则，积极投身到救助活动中去，自然会获得政府和社会的鼓励、认同与支持。同时，非政府组织在实施社会救助过程中，既提升了自身的能力，又为我国非政府组织的形成和发展拓展了空间，并得到社会民众的理解和支持，增强了自身的影响力，也有利于提高农村社会救助的实际成效。

二 理顺 NGO 与政府的关系

现代社会主要是由经济领域、社会领域和政治领域三大部分构成的，而我国改革开放主要是在经济领域进行，社会领域与政治领域的变革明显滞后，这就容易出现社会动荡与不稳定因素。为了加快形成社会发展的良好环境，就必须大力推进政府在管理上的改革与创新。在政府和社会的关系上，政府管理方式的改进要求充分发挥社会的功能，实现政府从管理型的"全能政府"向服务型的"有限政府"转变，同时应当对非政府组织进行重新定位，正确认识非政府组织在管理社会公共事务中的地位与作用，尽快形成完善的社会运行机制以及与之相适应的各类社团组织。应该认识到，非政府组织作为社会领域里最重要和最活跃的创新组织形式，应当在不同方面和不同程度上承担着管理社会公共事务、提供公共物品与公共服务的重要职责。而政府应积极寻求与社会建立长期良好的合作关系，努力帮扶和推动非政府组织的健康发展。

对农村贫困群体的救助是社会公共事务的一个重要组成部分。随着现代社会人们之间的相互依赖性倾向日益明显，社会关系也变得更为错综复杂，"政府失灵"与"市场失灵"现象屡见不鲜，非政府组织在农村社会救助中的作用逐步显现。在开展救助活动时，非政府组织的目的、责任与政府相同，并承担着政府的部分功能，担当着政府的合作者或助理的角色，可以快速、适当地提供社会救助必需的公共物品和公共服务；因此，政府应该积极理顺与非政府组织的关系，转变原有的将其作为不稳定因素的看法，着力培育非政府组织的发展，对非政府组织参与救助活动采取鼓励政策，大胆委托非政府组织开展社会救助工作，使其在农村社会救助中发挥更大的作用。

三 推进相关的法律法规体系建设

针对非政府组织参与农村社会救助的相关法律体系不健全的状况，当前必须加强对非政府组织立法的研究，尽快制定关于非政府组织发展与实施农村社会救助的法律法规，着力构建配套的、具有层次性的法律法规体系。推进非政府组织参与农村社会救助的法制建设，明确非政府组织的权利与义务，保护非政府组织的各项合法权益，并且也为非政府组织参与农村社会救助提高强有力的法律保障，努力完善现有法律制度对于非政府组织参与农村社会救助的各项规定。一方面，抓紧出台《非政府组织管理法》，规定非政府组织设立的必备条件、登记管理的机关及必经程序；用法律形式明确非政府组织的性质、宗旨、地位、组织形式、经费来源、权利与义务、扶持与奖励、变更与终止等，使非政府组织及其运作规范化和合法化，彻底改变把非政府组织作为行政机关或事业单位来进行管理的传统做法，并对现行的与非政府组织相关的法律制度进行规范和调整，促进非政府组织的发展与运行尽快走上法制化的轨道。另一方面，继续完善《社会团体登记管理条例》、《民办非企业单位登记管理暂行条例》[1]，确保非政府组织参与农村社会救助的外在合法性，在法律上对非政府组织实施农村社会救助的行为进行规范和保障，为其参与农村社会救助提供一个良好的外部法律环境。

四 建立 NGO 救助应对机制

该机制应当包括科学的管理体制、清晰的工作流程、较强的社会动员能力和有效的监督措施。在农村社会救助过程中，非政府组织要确定救助活动的基本程序，规定相关人员的责权范围，积极开展科学化和规范化的救助运作流程，构建包括决策机构、执行机构和监督机构在内的三位一体的管理体制；加强与改进非政府组织的人力资源管理，建立科学的救助工作专业评估体系，以应对农村社会救助多样化的挑战；不断提升社会动员能力，可以通过报纸、电视、广播和互联网等多种途径动员各种社会力量积极参与救助工作，为救助活动服务；非政府组织要不断总结经验教训，对救助实施情况作出实际评价，以提高自身的适应能力和更新能力，更好地参与农村社会救助，充分发挥其应有的价值与作用；建立一套有效的管理方式和监督机制，做到"管理有制度、决策有程序、行为有准则"，切实推进民主管理；健全相应的内部激励机制，防止产生资金挪用、贪污浪费等不良现象；在重大事项、项目决策和财务管理等方面坚持公开原则，

---

[1] 肖芬芬：《非政府组织（NGO）对社会弱势群体的救助》，《沈阳大学学报》2007 年第 1 期。

保证救助工作的完全公开和透明化,以获取社会民众的高度信任。

五 加强NGO的自身能力建设

一是提高资金筹集能力。充足的资金是非政府组织在农村社会救助中发挥功效的基本条件。非政府组织要保持自身的正常运行,提高农村社会救助成效,就必须努力从各个方面来筹措其生存与发展的资金。就目前而言,主要是依靠政府财政的投入与支持。当然,政府提供支持应当采取多种方式,既包括直接的方式,如在税收中划拨一部分用于发展非政府组织;也包括间接的方式,如对于向非政府组织捐赠的个人与企业提供减免税等;还包括采取购买服务的方式来支持非政府组织。同时,非政府组织是独立于政府的社会组织,其发展除了要吸引民间的捐赠之外,还要不断丰富信息来源,努力获取各种形式的资助与帮扶。二是提高非政府组织职员的素质与能力。非政府组织的性质和特点决定了其成员的思想道德素质要高于整体民众的平均水平,所以应加强对非政府组织成员的思想教育,使他们深刻认识到非政府组织的服务宗旨与社会角色;并且还要加大对成员的培训力度,提高他们的专业知识与服务技能。三是吸引专业技术人才。农村社会救助是一项专业性较强的工作,许多救助事务的处理都需要专业技术人员。因此,非政府组织应努力吸引优秀人才和专业人员,以提高农村社会救助工作的成效。

第五章　完善我国农村社会救助面临的境况与对策

作为我国社会保障政策的重要组成部分,社会救助政策不仅是整个社会保障体系中的支柱性政策设计,而且是承担着消除人们生存危机、维护底线公平的基础性政策安排。总体而言,在我国社会保障改革与发展建设中,社会救助领域取得的成效是巨大的,初步形成了一套行之有效的救助模式与措施,为进一步推进农村社会救助工作的顺利开展提供了有益的经验与基础。但随着经济社会的快速发展与转型,面对社会贫困救助的新情况和新要求,现行的农村社会救助政策呈现出一些弊端与缺陷,亟须从公平、规范和效能的角度加以改进与完善。

第一节　农村社会救助政策发展的有利因素

我国现阶段在经济、政治与社会条件以及实践经验等方面为农村社会救助政策的发展与完善提供了有利的因素。

一　农村社会救助的经济基础

(一) 我国经济实力不断增强,财政收入快速增长

我国经济的快速增长,经济总量的持续增加是完善社会救助政策必不可少的经济基础,财政收入的大幅增加在经济上为充实社会救助资金提供了可靠保证。"十一五"期间,我国国内生产总值共达 153.5 万亿元,保持了年均 11.2% 的增长率,远高于同期 3.5% 的世界平均水平,是新中国历史上增长较快、运行较平稳、效益较显著的时期之一。2008—2010 年国内生产总值分别为 314045 亿元、340903 亿元、397983 亿元,仅 2010 年一年就比上年增长 10.3%(见图 5-1)。同期,全国公共财政总收入 30.3 万亿元,年均增幅为 21.5%。2008—2010 年全国财政收入分别达到

61330亿元、68518亿元、83080亿元，其中2010年比上年增长21.3%，中央财政收入超收4410亿元（见图5-2）。随着国家财力的持续增强，我国"已经初步具备了加快发展社会事业、改善民生的物质条件和基础"。① 近年来，围绕改善民生问题，国家不断加大公共卫生、义务教育、社会保障以及各项社会事业的投入。财政部数据显示，"十一五"期间，全国公共财政用于教育、医疗卫生、社会保障与就业方面的支出分别达到4.45万亿元、1.49万亿元、3.33万亿元，比"十五"时期分别增长1.6倍、2.6倍、1.3倍。过去5年间，国家财政投入的不断增加，较好地保障了各项民生政策的落实，办了许多"多年想办而没有办成"的大事。如医疗卫生方面，全面建立了新型农村合作医疗制度，惠及8.35亿农村居民；改造和新建2.3万所乡镇卫生院、1500所县医院、500所县中医院和1000所县妇幼保健院。教育方面，农村免费义务教育全面实现，所有适龄儿童都能"不花钱、有学上"，免除中等职业学校家庭经济困难学生和涉农专业学生学费。②

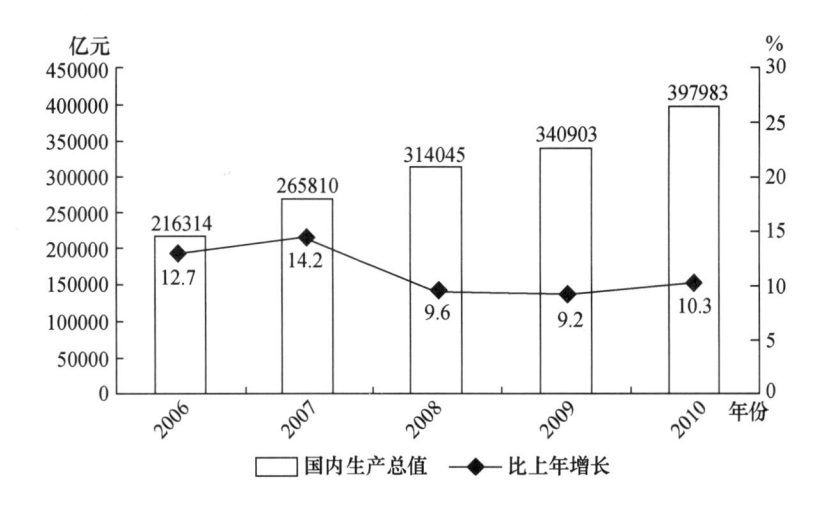

图5-1　2006—2010年国内生产总值及其增长速度③

---

① 温家宝：《关于发展社会事业和改善民生的几个问题》，《求是》2010年第7期。
② 中央政府门户网站：财政部新闻发言人、办公厅主任戴柏华2011年3月8日就2011年财政预算报告的相关问题接受中国政府网和新华网的联合访谈，http://www.gov.cn/2011lhft/2/。
③ 国家统计局网站：《2010年国民经济和社会发展统计公报》，http://www.stats.gov.cn/tjgb/ndtjgb/qgndtjgb/t2011 0228_ 402705692.htm。

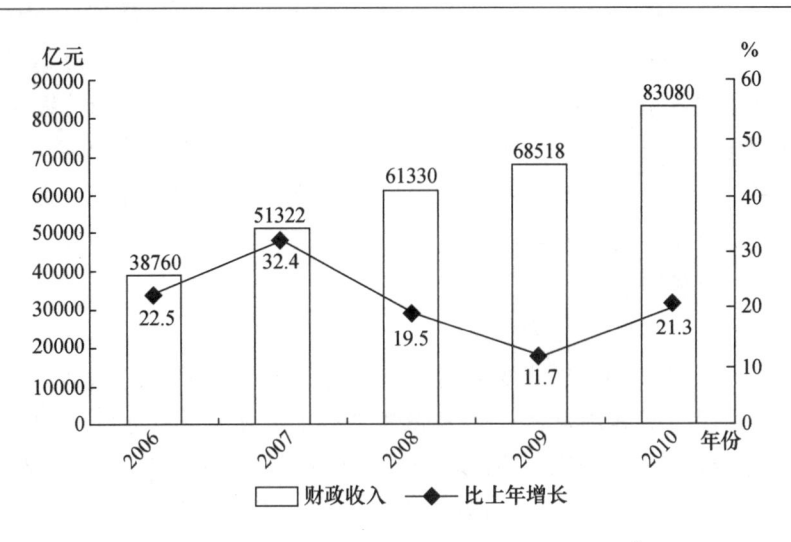

图 5-2　2006—2010 年财政收入及其增长速度①

(二) 农村贫困人口大幅减少，农民收入不断增加

近年来，农村贫困人口的数量明显下降，解决了 2 亿多农村贫困人口的生存和温饱问题。农村贫困人口由 1978 年的 2.5 亿人减少到 2010 年的 2688 万人，农村贫困发生率从 30.7% 下降到 2.8%。② 其中自《中国农村扶贫开发纲要（2001—2010）》实施以来，贫困人口年均减少 673 万人，年均下降到 11.8%。10 年间，共有 6734 万人实现脱贫，贫困发生率从 10.2% 下降到 2.8%。从各地区来看，2010 年我国西部地区农村贫困人口为 1751 万人，较上年减少 621 万人，下降 26.2%。贫困人口占全国农村贫困人口的比重为 65.1%，较上年下降 0.8%；贫困发生率为 6.1%，较上年下降 2.2%。中部地区农村贫困人口为 813 万人，较上年减少 239 万人，下降 22.7%。贫困人口占全国农村贫困人口的比重为 30.2%，较上年上升 0.9%；贫困发生率为 2.5%，较上年下降 0.8%。东部地区农村贫困人口为 124 万人，较上年减少 49 万人，下降 28.3%。贫困人口占全国农村贫困人口的比重为 4.7%，较上年下降 0.1%；贫困发生率为 0.4%，

---

① 国家统计局网站:《2010 年国民经济和社会发展统计公报》, http://www.stats.gov.cn/tjgb/ndtjgb/qgndtjgb/t20110228_402705692.htm。

② 中国新闻网:《〈中国农村扶贫开发的新进展〉白皮书》, http://www.chinanews.com/gn/2011/11-16/3464433.Shtml。

较上年下降 0.1%。①

根据国家统计局对全国 31 个省（自治区、直辖市）6.8 万个农村住户的抽样调查，2010 年农村居民人均纯收入 5919 元，同比增加 766 元，增长 14.9%。剔除价格因素影响，实际增长 10.9%，增速同比提高 2.4 个百分点。低收入群体收入快速增长使贫困人口大幅减少，2010 年农村贫困人口比上年减少 909 万人，比上年多脱贫 499 万人，为近 3 年来脱贫人数最多的一年。主要原因是受农产品价格上涨和粮食丰收双重因素的影响，以及国家多项惠民政策的实施，低收入人群以及西部地区人均纯收入均实现了快速增长。根据人均纯收入对农村居民进行 5 等份分组，低收入组农户人均纯收入增速为 20.7%，比全国平均水平高 5.8%。西部地区农村居民人均纯收入增速为 15.8%，比全国平均水平高 0.9%。②

从图 5-3 中可以看出，"十一五"期间农民人均纯收入保持较快增长，这在很大程度上缓解了农村社会救助工作的压力，同时也进一步增强了完善农村社会救助政策的经济承受能力。

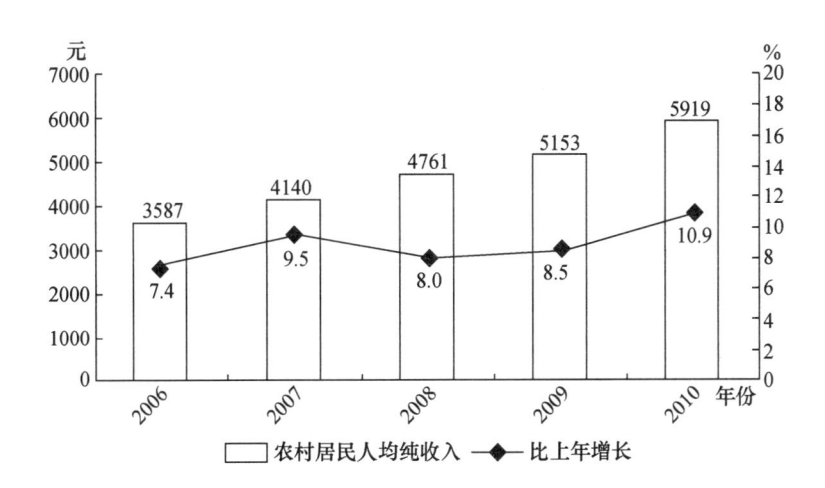

图 5-3　2006—2010 年农村居民人均纯收入及其增长速度③

---

① 中国发展门户网：《2010 年我国农村贫困人口 2688 万》，http：//cn.chinagate.cn/povertyrelief/2011-04/13/content_22350842.htm。
② 同上。
③ 国家统计局网站：《2010 年国民经济和社会发展统计公报》，http：//www.stats.gov.cn/tjgb/ndtjgb/qgndtjgb/t20110228_402705692.htm。

二 农村社会救助的政治基础

(一)"以人为本、执政为民"已成为党和政府的核心理念

在当代中国,"坚持以人为本,就是要以实现人的全面发展为目标,从人民群众的根本利益出发谋发展、促发展,不断满足人民群众日益增长的物质文化需要,切实保障人民群众的经济、政治和文化权益,让发展成果惠及全体人民"。[1] 坚持执政为民,就是要紧紧依靠人民,切实造福人民,团结和带领人民群众为实现自己的根本利益而奋斗,把切实维护人民的根本利益作为制定各项方针政策的出发点和落脚点。党的十七大报告指出:"要着力解决人民最关心、最直接、最现实的利益问题",围绕"学有所教、劳有所得、病有所医、老有所养、住有所居"的民生目标,提出了"民生六大任务"。在社会保障领域,"要以社会保险、社会救助、社会福利为基础,以基本养老、基本医疗、最低生活保障制度为重点,以慈善事业、商业保险为补充,加快完善社会保障体系"[2],并指明了社会保障建设的内容、重点和实现的途径。在此基础上,党的十七届三中全会强调,要使"农村基本生活保障、基本医疗卫生制度更加健全",进而"促进农村医疗卫生事业发展、健全农村社会保障体系"。[3] 党的十七届五中全会指出,要"坚持广覆盖、保基本、多层次、可持续方针,加快推进覆盖城乡居民的社会保障体系建设","扩大社会保障覆盖范围,逐步提高保障标准"。[4] 温家宝在2008年的政府工作报告中强调:"要健全社会救助体系,重点完善城乡居民最低生活保障制度,建立与经济增长和物价水平相适应的救助标准调整机制。"[5] 所有这些都体现了我们党和政府"以人为本、执政为民"的施政理念,为我国农村社会救助的发展指明了方向和目标。

---

[1] 转引自王涛《中国特色社会主义民生建设研究》,博士学位论文,山东师范大学,2010年,第115页。

[2] 胡锦涛:《高举中国特色社会主义伟大旗帜为夺取全面建设小康社会新胜利而奋斗——在中国共产党第十七次全国代表大会上的报告》,《求是》2007年第21期。

[3] 《中共中央关于推进农村改革发展若干重大问题的决定》,《人民日报》2008年10月20日。

[4] 腾讯网:《中共中央关于制定国民经济和社会发展第十二个五年规划的建议》,http://news.qq.com/a/20101027/001797.htm。

[5] 中央政府门户网站:《2008年国务院政府工作报告》,http://www.gov.cn/test/2009-03/16/content_1260198.htm。

我国是一个农业大国，拥有农村人口 6.74 亿①，按照新的贫困标准测算，2011 年年底农村约有 1.28 亿贫困人口，因此，做好农村社会救助工作对于建设社会主义新农村和构建社会主义和谐社会具有重要意义。应始终坚持以人为本、执政为民，立足于经济与社会协调发展、维护社会公平公正与稳定，充分认识农村贫困问题，扎实开展农村社会救助工作。在新的历史阶段，尤其是在我国经济体制转轨和社会转型的变革时期，产生贫困的原因主要在于社会因素，故实施社会救助是国家不可推卸的职责所在。我们党和政府也正是基于"以人为本、执政为民"的思想理念，通过积极建立和完善农村社会救助政策，更好地解决农村贫困人口的生产生活困难，支持和帮助他们尽快实现脱贫致富。

（二）党和政府对"三农"问题高度重视

农业、农村和农民问题关系到经济发展、社会稳定，关系到党和国家事业发展的全局，是中国现阶段重大问题之一。早在 20 世纪 80 年代，邓小平就指出："中国有 80% 的人口住在农村，中国稳定不稳定首先要看这 80% 稳定不稳定。城市搞得再漂亮，没有农村这一稳定的基础是不行的"，"工业的发展，商业和其他的经济活动，不能建立在 80% 的人口贫困的基础之上"，提出"从中国的实际出发，我们首先解决农村问题"。②由此可见，邓小平高度关注"三农"问题，并将其作为社会主义建设的基本切入点。江泽民要求全党必须高度重视农业、农村和农民问题，指出要"坚定不移地把农业放在经济工作的首位"。③并强调增加农民收入对于促进国民经济发展、实现农村小康具有重要意义。2003 年 1 月，胡锦涛《在中央农村工作会议上的讲话》中指出："必须更多地关注农村，关心农民，支持农业，把解决好农业、农村和农民问题作为全党工作的重中之重，放在更加突出的位置，努力开创农业和农村工作的新局面。"党的十七大报告再次强调："解决好农业、农村、农民问题，事关全面建设小康社会大局，必须始终作为全党工作的重中之重。"④ 2008 年 10 月，党的

---

① 国家统计局网站：《2010 年第六次全国人口普查主要数据公报》，http://www.stats.gov.cn/tjgb/rkpcgb。
② 邓小平：《邓小平文选》第三卷，人民出版社 1993 年版，第 116 页。
③ 中共中央文献研究室编：《十四大以来重要文献选编》上册，人民出版社 1996 年版，第 424 页。
④ 胡锦涛：《高举中国特色社会主义伟大旗帜为夺取全面建设小康社会新胜利而奋斗——在中国共产党第十七次全国代表大会上的报告》，载《求是》2007 年第 21 期。

十七届三中全会上通过的《中共中央关于推进农村改革发展若干重大问题的决定》中进一步指出:"实践充分证明,只有坚持把解决好农业、农村、农民问题作为全党工作重中之重,坚持农业基础地位,坚持社会主义市场经济改革方向,坚持走中国特色农业现代化道路,坚持保障农民物质利益和民主权利,才能不断解放和发展农村社会生产力,推动农村经济社会全面发展。"① 综合而言,有关"三农"问题的重要性目前已成为全党全社会的共识。

解决"三农"问题,关键在于保障农民权益与维护农民利益。这就要求我们党必须坚持以人为本、民生为本的执政理念,切实解决农村居民在生存、生活与发展中所面临的基本问题,努力统筹城乡发展,赋予农民与城镇居民同等的生存权和发展权,这不仅是重大的经济问题,也是重大的政治问题。截至2010年年底,全国还有农村贫困人口2688万人,若以2011年的贫困标准测算,则当年的农村贫困人口约为1.28亿人。要解决这些人的生产生活问题,保障他们的切身利益与权益,最好的途径就是将他们纳入农村社会救助政策中来,用救助政策来保障他们的基本生活,提高自我发展能力,尽快实现脱贫致富。因此,党和政府对"三农"问题高度重视,为完善农村社会救助政策提供了良好的基础。

三 农村社会救助的支撑条件

(一) 农村社会管理的加强

农村社会管理服务是指政府和其他社会组织为了维护农村的社会公正、社会秩序、社会稳定和实现农村的可持续发展,依法管理农村社会公共事务、调整农村社会利益关系、化解农村社会矛盾、调节农村收入分配、保障农民的合法权益、保护农村生态环境和开展农村公共卫生管理等方面的综合性管理服务活动。② 在我国,由于农村人口占多数,加强与改进农村社会管理,是建设社会主义新农村、统筹城乡协调发展及构建和谐社会的现实要求。美国学者亨廷顿在《变化社会中的政治秩序》一书中

---

① 本书编写组编著:《中共中央关于推进农村改革发展若干重大问题的决定》辅导读本,人民出版社2008年版,第3页。

② 阳信生:《农村社会管理服务的缺陷与政府对策》,《湖南农业大学学报》(社会科学版) 2008年第1期。

提出："在传统社会和现代化初期，稳定的基础是在农村。"① 在改革开放以来的30多年间，我国农村社会管理运行状况总体较好，农村经济呈现快速发展态势，尤其是随着社会主义新农村建设的深入推进，农村社会事务的管理水平不断提高。但同时也出现了许多新的阶层与群体，加之外出务工人员的大量流出和外来务工人员的大量进入，各种社会矛盾发生了新的变化，特别是一些涉及农民切身利益的调整显得更加突出，这些都迫切要求进一步加强和改进传统的农村社会管理方式。

近年来，改革我国农村社会管理工作已成为共识，农村社会管理的体制与机制不断改进，尤其是党的十七届三中全会明确提出把"农村社会管理体系进一步完善"作为到2020年农村改革发展的重要目标和任务。我国目前在农村社会管理中出现的一些新变化，为农村社会救助政策的发展提供了很好的基础：一是加强干部队伍能力建设，优化工作目标与原则，科学制定考核方式，注重培训，严格考评，加之农民直选"村官"和"大学生村官"计划的有效实施，为农村社会管理培育和凝聚了人才资源；二是新型农民专业合作组织有了较快的发展。以2007年7月正式实施的《农民专业合作社法》为标志，我国农民专业合作组织步入了一个法制化和规范化的轨道。据农业部统计，目前全国农民专业合作组织达21万多个，成员总数为3878万人，其中，农民成员3486万户，农民成员占全国农户总数的13.8%，比2002年提高了11%。② 农民专业合作组织的快速发展，对于提高农民收入、促进农村社会管理体制创新具有重要作用；三是农民的综合素质有了较大提升。农民是农村公共事务管理的参与主体，农民的素质高低直接影响着农村社会管理体制的运行状况。当前农民的综合素质包括科学文化素质、市场经营素质、思想政治素质以及民主法治素质都有了明显的提高，这有利于农民更好地参与农村社会管理。在我国现阶段改革农村社会管理体制与机制的过程中，已经注意到要不断满足农民的物质文化需求，提高农民的自我发展能力。这些都为完善农村社会救助政策提供了良好的支撑条件。

---

① ［美］塞缪尔·P. 亨廷顿：《变化社会中的政治秩序》，生活·读书·新知三联书店1989年版，第267页。
② 王曙光：《论新型农民合作组织与农村经济转型》，《北京大学学报》（哲学社会科学版）2010年第3期。

（二）西部大开发的持续推进

我国是一个地域辽阔的国家，东西部地区之间的自然环境差异明显，经济发展基础也很不相同，不同地区的农民在生产生活水平上存在较大差距，这既有自然客观条件的原因，又有社会历史的原因。随着改革开放的不断深化，东、中、西部的经济都得到了不同程度的发展，农民的纯收入都有较大幅度的增加，但我国农村区域经济发展的失衡状况更加凸显，东西部地区之间农民收入的差距不仅没有缩小，反而呈扩大趋势。正是基于这种情况，2000年党中央和国务院提出了实施西部大开发的重大战略。我国广阔的西部地区产业结构中农业所占的比重较高，耕地中的中低产田面积比重高于全国平均水平，加上长期以来农业综合开发措施及力度不够，致使经济社会发展的水平相对落后于中部与东部地区，农民人均收入远低于东部发达省份。与此相对应，西部地区农村的社会救助发展也明显滞后，受地方财政和农民经济承受能力、消费水平等因素的制约，农村社会救助的项目不完整，救助水平低，覆盖范围有限。据国家统计局贫困监测数据显示，2001—2009年，西部地区贫困人口比例从61%增加到66%，民族地区八省从34%增加到40.4%，贵州、云南、甘肃从29%增加到41%[1]，农村贫困问题尤为突出。为支持实施西部大开发战略，中央财政不断加大对西部地区的转移支付规模，从2000年的1089亿元增加到2008年的7933亿元，年均增长28.2%；2000—2008年中央财政对西部地区转移支付累计达30338亿元，占中央对地方转移支付总额的43.6%。[2]西部大开发战略实施的10多年，是西部地区在新中国历史上经济增长最为显著、发展质量最好、综合实力提高最快、农村面貌变化最大、农民获得实惠最多的发展时期，西部大开发的持续推进为我国农村社会救助的发展提供了良好的政策机遇。

四　农村社会救助的实践经验

（一）农村社会救助与农村改革发展相结合

我国农村社会救助取得的显著成效并非仅靠其制度本身的单边推进，而是相伴于农村社会本身的改革与发展的历史进程。自1978年开始实行

---

[1]　光明网：《近十年来西部地区贫困人口比例增加至66%》，http://politics.gmw.cn/2010-12/22/content_1488916.htm。

[2]　李丽辉：《中央财政对西部地区转移支付年增28.2%》，《人民日报》2009年11月25日，第5版。

的家庭联产承包责任制、放开农产品市场、稳定发展粮食生产、大力发展乡镇企业、积极调整农业结构等一系列政策体制改革，既是我国农村社会救助事业快速发展的主要推动力，也为农村社会救助工作提供了最重要的制度基础。进入21世纪以来，我国又积极调整国民经济的分配格局，不断推进城乡经济社会发展一体化、建设社会主义新农村等多项发展战略。2004—2011年，中央连续颁发了以"三农"为主题的8个"一号文件"，相继实施了一系列强农惠农的重大政策，旨在扶持和帮助农民解决生产生活困难，增强自我发展能力，提高经济收入，尽快实现脱贫致富。可见，正是由于农村改革发展与贫困救助的相互促进、相互配合，才使我国农村社会救助工作取得显著成效。

（二）政府主导与群众参与、社会推动相结合

政府主导是我国农村社会救助的基本特征，这是由中国共产党的宗旨和社会主义制度决定的。近年来，中央和各级地方政府通过设立专门的组织管理机构，制定多项社会救助制度与措施，充分调动各种经济、人力和社会资源，不断完善农村社会救助体制和运行机制。但是，仅仅依靠政府引导和政府投入是不够的，其力量毕竟有限，为进一步激发非政府组织的参与积极性，我国着力构建"政府主导、群众参与、社会推动"的多元化救助工作体系，扩大社会力量支持社会救助事业发展的覆盖面，为救助事业争取更加丰富的资源，初步形成了社会各界力量广泛支持以及多种措施有机结合、互为支撑的农村社会救助新格局。各级政府通过积极搭建平台、协调各方，建立行之有效的政策导向与激励机制，既可以为广大群众和社会力量参与社会救助事业提供更多的有利条件，也有利于营造社会主义解危济困、帮穷扶弱的浓厚氛围。

（三）保障基本生活与提高综合素质相结合

社会救助面临的最大问题，不单单是解决贫困人口的基本生活问题，而是在保障他们基本生活的基础上，帮助他们不断提高自身的综合素质，使其具备良好的发展能力和发展机会。改革开放初期，解决农村贫困人口的基本生活问题最为迫切。进入新世纪以来，随着农村贫困状况的缓解和国家救助力量的增强，中央政府及时调整了社会救助的目标和重心，把解决农村居民的相对贫困与发展贫困，提高他们的科学文化素质、市场经营素质、思想政治素质以及民主法治素质，摆在更加突出的位置。如通过用先进的文化来教育广大农民群众，引导他们牢固树立爱国主义、社会主义

的思想理念，大力支持和发展农村题材的文艺创作，丰富农民的精神文化生活，提高他们的思想道德素质；加大农业生产技能培训的力度，提高农民生产技能和管理能力，组织实施科普惠农兴村计划，培育农民专业合作经济组织，把更多的农户培养成有文化、懂技术、会经营的新型农民；积极宣传与普及包括《宪法》、《农业法》、《村民委员会组织法》、《村务公开制度与规章制度》等在内的一系列同农民群众生产生活紧密相关的法律制度，并通过组织开展"送法下乡"、"法律进村入户"以及新闻媒介法制宣传等多种渠道，增强农民的法治观念，提高农民的法治素质。

（四）追求公平与注重效率相结合

公平与效率是社会救助政策运行中必须妥善处理的一对基本关系。在我国社会救助政策的改革发展中，曾经一味追求公平优先，造成了不良后果并留下了一些难以治愈的后遗症。妥善处理好公平与效率的关系，客观上构成了社会救助政策能否顺利发展的先决条件。值得强调的是，社会救助政策天然地追求公平，公平是社会救助政策追求的根本目标，是这一政策本质的体现，而效率则是帮助实现这一目标的必要手段，任何时候都不能将社会救助政策中的目标与手段关系加以颠倒。我们在维护社会救助公平的同时，应努力提高社会救助政策的运行与管理效率，充分利用社会机制、市场机制，有效地使用各种资源，共同促进社会救助政策更好地向前发展。

第二节 完善我国农村社会救助面临的困境

我国现行的农村社会救助政策在外部和内部两个方面都面临着一些困境。我们只有首先明确问题所在，随后才能探讨解决问题的对策与方法。

一 农村社会救助面临的外部困境

（一）农村基层政府财政困难和农村集体经济薄弱

基层政府财政作为国家财政体系的基础环节和重要组成部分，不仅直接关系到基层政权建设，而且还直接影响着农村经济的发展和社会的稳定。农村基层政府财政困难是我国经济社会转型带来的一种特殊状况。1994年分税制的改革与推行，使中国的财政秩序大为改观，中央财政重获活力，但同时我国县、乡财政却逐步陷入困境。加之进入新世纪推行的农村税费改革，使得县、乡两级财政更为困难，特别是乡镇财政。据财政部科研所和中国社会科学院专家估算，2005年年底全国乡村债务总额高达6000亿—10000亿元，债务总额占GDP的比例在5%—10%之间，占财政收入的比例在30%—50%之间。另据国务院发展研究中心地方债务课题组的一项估算显示，我国乡镇政府负债总额在2200亿元左右，乡镇平均负债400万元。① 乡级财政困难的原因在于：一是农村基础设施建设进度加快。近年来，尽管上级财政不断加大对农村各项基础设施建设的投入力度，但由于农村基础设施与社会公益事业建设的进度更快，乡村财力负担加剧，举债建设现象非常普遍。二是一些地方不顾经济发展实际状况，追求"政绩工程"，盲目建设基础设施、公益事业和兴办企业并下达各项具体任务，致使形成巨额的债务包袱。三是乡镇组织机构偏多，财政供养人员膨胀，工作效率低下，公共资源浪费严重，社会管理成本过高。四是在农村普及九年义务教育过程中，由于财政性教育投入不足、管理不规范等原因，所欠债务较多。五是乡村财务运作的不规范和财务管理监督的缺失，加重了乡村债务负担。沉重的债务使得本来就处于困境的基层政府不堪重负，严重妨碍了正常工作的开展，有的基层政府为了减轻自身债务压力而加重了农民的经济负担，从而降低了农村税费改革的成效，并在很大程度上影响了农村社会的稳定与经济的发展②，也阻碍了农村社会救助政策的完善步伐。

农村税费改革的推行在整体上减轻了农民负担的同时，也产生了一些新的问题。税费改革使原本就很薄弱的村级集体经济趋于瓦解。据国务院发展研究中心新农村建设课题组对全国17个省（自治区、直辖市）的166个乡镇、2749个村庄的调查数据显示，在调查村中有50%的村庄集体收入低于5万元，有近60%的村庄集体收入低于10万元。此外，调查村中有32.9%的村庄资不抵债，有21.9%的村庄净资产在"-10万—0万元"之间。③ 农村集体经济的严重虚弱与困境，导致传统的集体救助不复存在。

---

① 汤菲：《乡村债务清理问题研究》，《理论探索》2009年第2期。
② 袁金辉：《冲突与参与：中国乡村治理改革30年》，郑州大学出版社2008年版，第207页。
③ 袁佩佳、涂圣伟：《村级集体经济组织与农业社会化服务体系建设》，《兰州学刊》2009年第8期。

(二) 造成贫困的社会风险不断增多

在计划经济体制下，我国农村贫困的主要原因在于生产力水平低下、自然条件差、农民素质不高和发展机会缺少等。随着改革开放的不断深入，尤其是市场经济体制的建立与发展，我国生产力水平有了较大发展，农民素质明显提高，自然环境逐步改善，发展机会大大增加，因此，农村贫困状况得到迅速缓解，贫困人口数量显著下降。但是，我国区域之间、城乡之间和行业之间的发展严重失衡，农村贫困问题依然十分突出，救助压力仍然较大。同时，随着市场化和城镇化步伐的明显加快，许多新的容易造成农村贫困的社会风险也不断涌现，如物价波动、拆迁征地等。在农村家庭"4—2—1"和"4—2—2"结构模式日益增多的情况下，这些社会风险本应通过完善的社会保障体系尤其是社会保险政策来加以应对。然而，虽然我国的社会保险政策有了较好的发展，但仍有许多机制有待健全，覆盖面也需要进一步扩大，因此，仍有相当一部分农民得不到社会保险的有效保护，很容易遭受各种社会风险而陷入贫困。以新型农村合作医疗制度为例，该制度对减轻参保农民看病就医特别是大重病治疗费用负担发挥着较大作用，参保农民对医疗服务的可及性逐步提高。相比之下，未参保农民由于缺乏有效分散就医费用负担的途径，容易出现"小病拖、大病扛、重病才去住病房"的现象，也容易陷入"因贫致病、因病致贫、贫病交加"的恶性循环。由此可见，由于社会保险政策的不健全，随着社会风险不断增多，社会救助面临的压力也逐步增加。

(三) 城乡二元结构日益明显

"城乡之间的对立是随着野蛮向文明的过渡、部落制度向国家的过渡、地域局限性向民族的过渡而开始的，它贯穿着文明的全部历史直至现在"。[①] 城乡二元结构是发展中国家在推进工业化过程中普遍存在的现象。我国的城乡二元结构形成于计划经济条件下，在特定的历史阶段，这种结构曾为增强国家经济的整体实力起到过积极的作用，但同时也影响了广大农村地区的经济社会发展。党的十六大以来，在市场化改革日益加快、城镇化进程不断加速和统筹城乡力度持续加大的共同作用与推动下，过去那种城乡分治的体制正在变革，在建立健全统筹城乡发展的相关政策制度方面取得了积极进展。然而，城乡二元结构体制性障碍仍然存在，城乡发展

---

① 《马克思恩格斯选集》第1卷，人民出版社1995年版，第104页。

不平衡的状况依然严峻，城乡二元结构体制不仅没有得到有效改善，反而愈加明显，已成为阻碍我国经济增长的关键因素，甚至成为改革与发展的"瓶颈"。有专家研究，由于农村改革首先是广大农民获益，故城乡居民人均收入差距迅速缩小，即从1978年的2.37∶1缩小到1984年的1.71∶1，但由于自1985年起，随着改革的重心由农村逐步转向城市，城乡居民收入差距又逐步扩大。1985年差距达到1.86∶1，1990年2.20∶1，1995年2.71∶1，2000年2.79∶1，2005年3.22∶1。2007年，农民的人均纯收入为4140元，城镇居民人均可支配收入为13786元，差距已扩大为3.33∶1。如果考虑到城镇居民享受的各种福利性补贴，城乡居民收入的实际差距可能达到5∶1—6∶1。[1] 这种城乡二元结构对社会救助政策的发展与运行产生了重要影响，如农村救助项目要比城镇少、农村救助管理水平要比城镇低等诸多问题。因此，破除城乡二元经济社会结构、实现城乡一体化，是新形势下完善农村社会救助政策的客观需要与重要途径。

（四）传统的农村家庭保障和土地保障功能弱化

1. 人口老龄化使得传统的农村家庭保障作用弱化

人口老龄化是人口出生率持续降低、寿命不断延长等因素促成的人口现象。国际上通常把60岁及以上人口所占总人口的比重达到10%或65岁及以上人口所占总人口的比重达到7%，作为一个国家（或地区）步入老龄化社会的标准。2008年我国60岁以上的人口数量为1.67亿人，占总人口的12.36%；第六次全国人口普查数据显示，2010年我国60岁及以上的人口数量为1.78亿人，占总人口的13.26%，其中65岁以上老年人口1.19亿人，占总人口的8.9%；[2] 另据全国老龄办2006年2月23日发布的《中国人口老龄化发展趋势预测研究报告》显示，到2020年，老年人口将达到2.48亿人，老龄化程度将达到17.17%，80岁及以上老年人口将达到3067万人，占老年人口的12.37%；到2050年，老年人口总量将超过4亿人，老龄化水平推进到30%以上，其中，80岁及以上老

---

[1] 何立胜：《我国城乡二元结构模式的制度安排与创新》，《中共福建省委党校学报》2010年第2期。

[2] 棕和：《我国农村人口老龄化程度高于城市》，《中国社会报》2011年9月23日，第B01版。

年人口将达到9448万人，占老年人口的21.78%。① 人口老龄化速度的不断加快，不仅对农村养老保障事业形成巨大压力，也给每个农村家庭带来了沉重负担，千百年来的农村家庭养老模式面临挑战。

2. 家庭小型化使得传统的农村家庭保障作用弱化

在农村，长期以来子女和土地是农村老人最重要的保障，家庭养老是我国农民养老的主要形式。但近年来传统的家庭养老模式正在逐步瓦解，究其原因在于，随着计划生育政策的实施，农村家庭结构出现进了小型化的趋势，子女供养老人的相对数量不断增加，农村老人"养儿防老"的压力逐步增大，加之大部分农民经济收入比较低，即便子女有赡养时间与精力，也难以满足老年人的养老需求，致使家庭养老方式的功能趋于弱化。② 与此同时，由于市场经济的快速发展和户籍制度的逐步松动，大批农村青壮年劳动力向城市转移，农村生产要素的外流造成农村经济社会发展缓慢，各种资源不断向大城市集聚，而农村尤其是广袤的西部地区农村资源是十分匮乏的，城乡发展失衡日趋严峻，农民收入增加逐渐缓慢，生产要素的大量外流已成为影响新农村建设的最大因素。鉴于目前的发展趋势，我国农村的"空壳化"现象不断呈现，农村养老面临着更加严峻的困境。此外，改革开放以来市场经济的发展增强了人员的流动性，越来越多的农民长期在外务工使其思想和家庭观念也发生了较大变化。代际之间在生活方式与思想观念上的差异产生了越来越明显的"代沟"，这使得家庭内老人与子女之间在经济和感情的交流上出现了障碍，守"空房"的老年人也越来越多。由此可见，家庭的小型化趋势和人口流动带来的家庭空间上的分离，进一步冲击了农村传统的家庭养老方式。

3. 土地保障功能趋于弱化

自古以来，土地一直是农民的生存之基、生活之本。尽管农村土地的保障功能是低层次的，仅能满足人的最为基本的生存需要，但农村土地的这一保障功能在我国具有特别重要的意义。因为，在农民占人口多数的中国，农民的生存问题始终是社会的首要问题。这不仅是农民的人权问题，而且是社会的稳定与发展问题。③ 然而，我国目前土地保障出现许多新的

---

① 骆勇：《发展型社会政策视角下的城乡社保一体化问题研究》，博士学位论文，复旦大学，2011年，第219页。
② 林闽钢：《我国农村养老实现方式的探讨》，《中国农村经济》2003年第3期。
③ 孟勤国：《中国农村土地流转问题研究》，法律出版社2009年版，第14页。

问题，其保障功能也逐渐弱化，其原因在于，一是人地关系紧张。由于城镇化的快速发展，使得原本就紧张的耕地数量不断减少，人地关系日益紧张，甚至出现部分农民永久失去土地的现象；二是耕地质量下降。由于长期不合理使用农药、化肥，以及城市化、工业化进程中"三废"的排放量增加，使得农田板结、肥力下降，污染情况较为严重；三是部分耕地荒废。截至2010年年底，我国耕地面积不足18.26亿亩，已接近18亿亩"红线"，但空置面积却超过1亿亩；四是农业生产效益低。农业生产成本高而农产品价格较低，农民种地的收益低下，有时甚至出现亏本现象，加之外出务工与种地收益形成的巨大反差，导致农民种地积极性大大降低。总之，随着经济社会的快速发展，农村土地保障功能不断弱化，迫切需要加快农村社会保障体系的发展与完善。

二 农村社会救助面临的内部困境

（一）社会救助的多样化需求强烈

由于受经济生活条件和社会发展程度的限制，贫困农民对社会救助的需求相对单一，要求也比较低，主要集中在衣食等基本生存领域。随着社会经济的快速发展，农民对社会救助的需求日趋多样，要求也逐步提高。其一，从救助项目来看，对专项型社会救助的需求不断增多。贫困农民由于缺乏必要的劳动能力和稳定的收入来源，无法维持自身生存，于是解决贫困农民的吃穿等温饱问题就成了社会救助的首要目标。由于社会的持续发展，农民在解决温饱问题的基础上，对医疗、教育、住房和就业等专项救助的需求也日益凸显，而且满足这些需求比解决温饱问题的难度更大，单凭农民自身能力则无法实现，他们对医疗、教育等专项型社会救助的需求日益迫切。其二，从救助方式来看，对服务型社会救助的需求日益增强。在社会救助的各种方式中，现金提供和实物发放一直是主体。但同时也应注意到，贫困农民对服务型社会救助也有强烈需求。比如有的贫困人员因患重病或身有残疾，缺乏必要的生活自理能力，需要获得日常生活照料方面的帮助；有的贫困人员具有比较严重的性格缺陷和负面情绪，需要得到心理方面的慰藉和援助。其三，从救助时效来看，对社会救助的灵活性要求不断提高。困难农民面对的困境有的是长期性的，有的是短暂性的，还有的则是周期性的。这就需要社会救助的申请时间与救助实施时间具有较强的灵活性。其四，从救助待遇来看，对社会救助的公平性要求不断增加。一是贫困农民希望与其他普通居民一样，能够实际分享到社会经济发展带来的成果,当人们经济收入整体增长时,社会救助标准也应得到相应提高;二是希望缩小城乡之间、地区之间的救助水平差距,得到公平公正的救助待遇;三是希望消除救助资格方面存在的户籍和地域等障碍,做到人员转移到哪里,救助关系就可以接续到哪里,实现社会救助"随人走"的工作情形。

(二) 社会救助法制化建设滞后,社会救助政策需要规范

1. 社会救助的法制化水平较低

社会救助政策的建立与发展,通常要以立法机关制定或修订相关法律法规为先导,以管理部门制定相应的实施细则为条件,然后才是具体组织实施社会救助项目。[①] 立法的意义不仅在于对社会救助政策的权威规范,更在于促进社会救助责任和权益的科学配置。然而,我国恰恰缺乏社会救助政策的法律法规,一直依靠政府制定的政策文件来推动整个社会救助政策的改革。这种状况不仅无法使新的社会救助政策真正走向定型发展,而且往往由于政策的多变或过度灵活而损害了新政策应有的稳定性。同时,在农村社会救助法律建设领域目前只有国务院颁发的《农村五保供养工作条例》这一部专门法规,其余救助项目的建设均停留在政策层面,尚未提升到法律法规的高度。一方面,我国社会救助法律体系建设严重滞后,已成为农村社会救助工作的薄弱环节,严重阻碍了农村社会的发展进步,成为推动农村改革发展的障碍性因素。由于缺乏必要的法律依据和保障,造成现阶段我国农村社会救助工作的法制化、规范化水平较低。另一方面,对农村社会救助工作进行立法,明确规定各个救助项目的原则、种类、对象、范围、获得救助的条件与标准,并通过法律来界定社会救助法律关系参与者的权利、义务以及违反法律的具体责任,能够大大增强农村社会救助政策的国家权威性。

2. 救助资金投入存在缺陷

一是救助资金投入不够。例如,2008 年全国农村低保人数为 4305.5 万人,平均支出水平为 50.4 元/人/月,需要资金 260.4 亿元;城市低保人数为 2334.8 万人,平均支出水平为 143.7 元/人/月,需要资金 402.6 亿元。而当年各级财政投入城乡低保事业的资金总数为 622.1 亿元,资金

[①] 蒋吉祥、郑慧:《我国养老保险法律体系建设现状和存在的问题》,《人大研究》2006 年第 7 期。

缺口达40.9亿元。① 二是救助资金负担压力存在差距。在经济发达地区，贫困农民的比例相对较低，财政实力较为雄厚，因此社会救助资金的投入压力较小；相比之下，在经济落后地区，贫困农民的比例较高，财政实力较为薄弱，社会救助资金的投入压力也就较大，资金缺口较为明显。三是救助资金投入责任不够明确。我国目前的救助资金投入由地方政府负责，并要求纳入政府财政预算和进行专项管理。但由于缺乏相关法律的严格约束，有的地方政府并未完全按照保障标准提供援助，而是少列应付、列而少支、拨付迟滞甚至列而不支，截留克扣、挤占挪用救助资金的现象比较突出。同时，尽管近年来中央财政持续加大救助资金的投入力度，但由于中央财政与地方财政在资金投入上的责任不够明确，导致救助资金的总量仍然不足。

3. 救助标准偏低和覆盖面偏窄

我国2009年和2010年的农村贫困标准分别是1196元和1274元，这是农村绝对贫困线标准；按照新制定的"十二五"规划，2011年11月国家已将贫困标准上调到2300元，但这个新贫困标准与国际通行的每天1.25美元的贫困标准相比仍有一些差距，救助标准依然偏低，况且农村最低生活保障线还要低于贫困线。同时，这种偏低的标准加上各级政府财政投入偏少，实际上有相当一部分农村贫困家庭并未纳入救助范围。② 这些困难家庭尽管生活水平低于农村普通家庭，经济状况也比较脆弱，但由于经济收入略高于最低生活保障线，致使无法获得生活救助。这样的家庭被称为低保边缘家庭。从理论上讲，只要存在最低生活保障线，就必然出现低保边缘家庭。但由于目前最低生活保障线偏低，事实上存在许多应当被纳入低保范围的低保边缘家庭没有享受到低保待遇。此外，农村医疗救助、教育救助、住房救助等项目在许多地方虽然制定了相应的制度，但因其叠加在农村低保制度之上，故只有少数人才能获得救助，而且与农村低保制度相比，这些专项制度由于发展迟缓，其覆盖面则更为狭窄。

4. 对社会救助的思想认识存在误区

社会救助是民生的重要内容，对于促进社会的持续发展具有重要作用，但是在现实中却有许多地方政府和个人对农村社会救助的认识有失偏

---

① 根据民政部《中国民政统计年鉴2009》，中国统计出版社2009年版，第3、7、66、91页有关数据整理而成。
② 何平、张远凤：《论我国的社会救助标准》，《中南财经政法大学学报》2009年第6期。

颇。主要表现在：一是部分地方政府和领导干部对农村救助工作的重视程度不够。在市场经济的发展过程中，部分地方政府和领导干部受到以 GDP 为主要政绩考核指标的影响，一味追求经济的高速增长，而将包括社会救助在内的各项公益事业放置边缘和次要地位。有的地方政府和领导干部认为社会救助事业是光有投入，没有产出，更是无法获得经济上的收益，于是对社会救助事业抱有消极态度；有的则认为只要经济发展起来了，消除贫困问题就可以自然而然地得到解决，对社会救助事业无须进行大量投入，因而在社会救助工作的一些关键问题上，如机构、人员、工作经费、基础设施建设等方面，思想认识不够到位。二是一些社会民众对救助对象抱有歧视和反感态度。有的社会民众常常瞧不起社会救助对象，把他们看成是一群不学无术、不求进取的"懒汉"，不情愿接触也不去和他们接触；有的则对救助对象求全责备，要求他们时时刻刻、方方面面、点点滴滴都要表现得像个社会救助对象，生活清苦、做事低调、为人谦卑。三是部分社会救助对象的思想认识出现偏差。有的社会救助对象尤其是年轻的救助对象感到自卑和低人一等，封闭、孤僻性格日益突出，忧郁、焦虑和失落情绪不断加重，容易产生负面的社会行为；有的则把自己贫困的原因完全归咎于社会，缺乏依靠自身努力来摆脱贫困的信心和动力，持有"等、靠、要"的思想，形成了长期依赖社会救助的不良现象。

（三）社会救助工作的管理体制和运行机制不健全

我国目前实施的农村社会救助包括最低生活保障、扶贫开发、五保供养、医疗救助、教育救助等多项制度，项目繁多，任务繁重，单凭个别部门是无法完全承担的，迫切需要建立一个统一协调的社会救助工作管理体制。当前，各地尽管成立了各种名称的社会救助工作委员会，对农村社会救助工作进行统一领导，但"多头管理、条块分割"的现象依然存在[①]，这种情况既增加了相互协调的任务与难度，也往往导致人力、物力、财力等各种救助资源的重复投入与浪费，而且各部门由于存在地位和利益关系上的差异，在社会救助的管理与决策中容易产生冲突。这种"多龙治水、多家分割"的管理体制，不仅降低了救助工作的效率与成效，客观上也削弱了救助对象的自强意识与自立能力。目前主要是民政部门牵头实施社

---

① 姚晓荣、井文豪：《完善社会救助制度促进和谐社会建设》，《社会科学家》2007 年第 3 期。

会救助，因而农村社会救助主要是满足贫困农民的吃、穿、住等基本生活需求，而其他相关部门对具有发展潜力的救助对象存在教育救助薄弱和专业技术培训不足等问题，表现为生存性救助项目多，发展性救助项目少；输血型救助项目多，造血型救助项目少；无法使贫困农民通过专业技术培训或接受教育来实现脱贫致富。在部分农村基层，社会救助政策脱离对贫困农民发展能力的提高，片面强调给予，造成救助款物随意发放或平均发放的现象较为严重，甚至成为农村干部发生腐败的重要诱因，同时也养成了部分农民对社会救助的依赖思想。①

同时，社会救助的运行机制还不够完善。主要表现在：一是各项救助制度间缺乏有机衔接和合理配套。② 农村社会救助体系是要覆盖贫困农民的全部生活，各单项救助制度解决的是贫困农民生活的某个方面问题，因此，必须整合协调好各单项社会救助制度，使其达到互通、互联、互补的状态，才能形成一个有机的综合制度体系，以充分发挥社会救助的整体效能。但当前各项救助制度间的衔接配套还存在问题。尽管各相关部门颁布实施了一系列政策措施，也收到了较好的成效，但相关政策的衔接性不强、相关信息沟通不到位，从而降低了社会救助的整体成效。二是缺乏科学化、系统化工作机制。比如在救助资金的投入增长机制方面，救助资金的投入应当随着经济的发展和人们消费水平的提高而作出相应的调整；在救助对象的"进入—退出"机制方面，由于在家庭收入核实时缺乏有效手段，动态管理不到位，就多少带有刚性，即使在救助对象的经济状况好转后，也没能及时退出救助范围，造成了救助资源使用效能的降低。三是社会监督机制和评估机制尚待完善，缺乏法律法规、社会舆论和广大群众等多方面的综合配套监督③，导致农村社会救助工作难以深入开展。

（四）基层救助工作力量较弱，救助手段与方法有待改进

1. 救助工作机构设置不完备

由于受政策、财力和人力资源等多种因素的制约，农村救助工作管理机构和服务组织不健全，队伍不完整、经费短缺、力量比较薄弱、设施设备简陋等问题不断显现，虽然近年来农村社会救助工作量大增，但相关机

---

① 王齐彦主编：《中国城乡社会救助体系建设研究》，人民出版社2009年版，第24页。
② 唐丽娜：《中国社会救助制度发展的战略分析》，《科技管理研究》2011年第15期。
③ 张黎黎、谈志林：《构建我国普惠型社会救助体系的战略思考》，《理论与改革》2009年第1期。

构和人员却有所缩减，甚至一些乡镇将主管救助的民政机构牌子摘掉，由社会事务办来负责救助工作，有的乡镇仅配备1名民政助理员，而且还是兼职，无法专注于救助工作。农村民政工作力量薄弱，难以准确掌握救助对象的各种情况，无法准确核查各类救助款物的发放与兑现情况，从而直接影响了社会救助政策在农村地区的落实到位。以农村最低生活保障制度为例，随着市场经济的发展和城镇化进程的加快，在农村出现了大量农民外出务工、征地拆迁、农民隐性收入增多等新情况，由此导致了农村家庭收入核算困难、救助工作任务加重等诸多问题，这对农村社会救助工作提出了更高的要求。

2. 救助工作人员的综合素质亟须提高

农村社会救助工作是一项综合性很强的社会工程，不仅涉及面广、情况复杂、要求高、工作量大，而且还面临着许多新情况和新问题，这就要求工作人员既要掌握相关知识、熟悉相关政策，又要具有丰富的工作经验和有效的工作方法，善于处理和化解各种复杂问题。因此，必须加强对农村社会救助工作队伍的业务知识教育和专业技术培训，注重对各种具体事项的指导与交流，努力提高他们的综合素质，以适应新形势下农村社会救助工作的客观需要。

3. 救助工作手段的信息化程度不够

社会救助工作要做到不断改进与创新，很重要的一点就是要运用先进的科学技术来改进传统的工作手段与方法，达到救助工作的最佳效能。从管理角度来看，要实现历史记录查询、资料保存、数据统计与汇总等各种功能，如果进行人工核算，其成本过于高昂，也不现实，必须对社会救助对象的进行信息化管理。数字化、信息化是未来社会救助工作发展的必然趋势。我国目前各级各地社会救助信息化水平发展的不均衡状况十分明显，差距比较悬殊，信息化建设条块分割、各自为政的现象较为突出；有的地方仍然沿用手工方式核算和上报数据，甚至少数农村乡镇的社会救助工作人员还没有配备电脑等基本硬件设备；社会救助信息化软件模块相互不兼容，各个救助项目之间基本没有实现信息资源共享，迫切需要对社会救助信息化建设进行专项规划与统筹协调，以充分发挥社会救助信息资源的整体效能。

第三节 完善我国农村社会救助的对策

社会救助政策的完善，是保障贫困人口基本生活、维护社会公平公正和社会稳定的需要，是全面建设小康社会和实现现代化目标的重要内容，也是坚持科学发展、构建和谐社会的必然要求。社会救助工作得到党和政府的高度重视。如前文所述，我国农村社会救助政策的发展既面临着一些有利因素，同时还存在许多新的问题与缺陷，这要求我们必须根据经济社会发展的新要求，确定社会救助政策的发展目标、基本原则和思路对策，以进一步完善农村社会救助政策、推进农村社会救助工作扎实有效地开展。

一 农村社会救助的目标要求和基本原则

(一) 目标要求

农村社会救助的总体目标是：以"以民为本、为民解困、为民服务"为宗旨，着眼于维护农民的基本生存权和发展权，通过健全救助制度、完善体制机制，提高救助水平、运行效率和社会效益，不断满足农民多元化的救助需求，切实保障农民的基本生活权益，维护社会公平公正，促进经济社会和谐发展。由此可见，农村社会救助的具体目标与要求至少应包含五个方面：改善基本生活、提高发展能力、服务经济发展、维护社会公正、实现社会融合。

第一，改善基本生活。通过社会救助的实施来改善贫困农民的基本生活，解决他们生活资源的匮乏问题。显然这是农村社会救助政策的直接目标。倘若农民生活资源充足，生活宽裕，不存在贫困状况，也就没有农村社会救助。农村社会救助的出现正是由于部分农民无法维持基本生活，迫切需要通过社会救助来帮助他们摆脱生活贫困。

第二，提高发展能力。通过提高贫困农民自身发展能力，使其增加经济收入，尽快实现脱贫致富。当前农民贫困的重要原因在于其发展能力不强，农民发展能力的强弱高低，直接影响着经济收入增长程度和水平，没有农民发展能力的提高，也就没有农民生产生活水平的提高。提高农民的发展能力是农村社会救助的重要目标与要求。

第三，服务经济发展。农村社会救助不仅是农民的最后一道"安全网",而且是国家经济发展的"减震器"。在目前我国城乡差距、地区差距和贫富差距悬殊且有所拉大的情况下,社会救助的目的是要调节居民收入分配、缩小城乡贫富差距和改善公民之间的收入不平等状况,为经济发展提供一个良好的环境;而社会救助的大量资金投入也有助于刺激消费,最终拉动经济增长,促进经济发展。

第四,维护社会公正。是社会救助政策形成的基本背景,也是社会救助政策努力实现的重要目标。我们知道,现代社会救助政策是在社会经济快速发展中呈现明显不公正的情况下逐步建立与发展的,我国多年来的社会救助政策的不断改革和创新也是为了处置日趋严峻的社会不公现象。开展社会救助的一个重要目标就是为了解决社会分配不公问题,保障全体社会居民共享发展成果,维护人民群众的基本权益及社会的和谐稳定。①

第五,实现社会融合。作为社会保障制度的一种,社会救助显然具有防止与消除社会矛盾和社会隔阂,促进与实现社会团结和社会融合的重要目标。换句话说,社会救助政策的实施旨在促使社会上的救助者与受助者、贫穷人群与富裕人群之间,乃至全体社会成员之间的关系和谐,培育相互关爱、相互帮助的理念与社会氛围,提高社会的团结与融合程度。社会救助倘若不能带动和促进全社会的互帮互助、互敬互爱,那么其取得的绩效也是有限的,所达成的目标与要求也是不完全的。

(二)基本原则

社会救助对象有权获得经济上和人力上的帮助,这些帮助依照救助对象的个体需求情况,尽快使其恢复和提高自立能力,实现脱贫致富。完善社会救助政策应该遵循以下几项基本原则:

(1)坚持国家主导。国家对贫困人群的救助应当发挥主导作用,承担起建立与组织实施社会救助体系中最基础制度的职责。在社会救助制度的建设方面,政府要担负重要职责,包括制度的设计,法律法规的制定与实施等;在社会救助资金的筹集方面,政府应承担主要职责,社会救助资金应主要来自政府财政预算拨款,而政府也应该在收入预算中有稳定的专门社会救助资金来源;在社会救助事务的管理方面,政府也应负担主要责任,包括社会救助的行政管理、业务管理和资金管理等。

---

① 洪大用:《社会救助的目标与我国现阶段社会救助的评估》,《甘肃社会科学》2007年第4期。

(2) 立足基本国情。我国是世界上最大的发展中国家,将长期处于社会主义初级阶段,区域之间、城乡之间、行业之间发展很不平衡。这就决定了社会救助政策的完善,必须坚持从基本国情出发,坚持与经济社会发展水平相适应,即在制定与设计社会救助制度时,要考虑救助的内容、范围、标准和水平,都应与经济水平、财政规模、社会发展程度等相适应,并随着社会经济的不断发展,人民生活水平的逐步提高,而进行及时、适度的调整。

(3) 保障基本生活。社会救助是对依靠自身条件无法维持基本生活的社会成员提供的物质援助和服务,社会救助政策的设计初衷和直接目的是维持贫困群体的基本生存,解决其基本生活困难问题。如果救助标准和救助水平过高,一方面,可能造成"福利依赖"现象,既不利于调动受助者的发展积极性,也不利于社会救助同社会保险、社会福利等其他社会保障制度的衔接配套。另一方面,可能使政府财政不堪重负而最终使得制度无法实施。如果救助保障和救助水平过低,则无法满足贫困人员维持基本生活的需要,使社会救助的目标难以实现,尽管可以减少政府的财政支出,但导致一部分贫困人群被排斥在社会救助之外,给社会和谐与稳定埋下隐患。

(4) 公开公平公正。社会救助的实施情况,必须适时面向社会成员公开,切实保证人们的知情权、参与权和监督权。公开的内容包括社会救助的政策内容、救助条件、救助金额、办事程序以及社会救助的实施过程和结果。公平原则要求在社会救助过程中坚持权利与义务相统一,即每个公民在符合规定条件和履行规定责任的前提下,有权申请和获得社会救助,并承担相应的责任。公正原则要求社会救助所设置的条件和程序适用于每一个需要救助的社会成员,于是在确定受助者资格及救助水平时,要按照统一的救助条件、救助标准和救助程序平等地施用于每位申请救助的人员。

(5) 人性化与规范化。社会救助人性化是以人为本理念的直接体现,也是我国服务型政府建设的必然选择。一是提高救助的时效性,尤其是医疗救助、自然灾害救助、安全事故救助等;二是注重救助的可得性,对于农村贫困居民来说,多数文化程度不高,如果设置了复杂的救助申请程序,就会削弱贫困群众的申请救助的积极性;三是增强救助的可携性,农村人口流动是经济社会发展的必然趋势,于是农村社会救助政策应当增强可携性。在坚持人性化的同时，社会救助工作还要注重规范化，规范化管理是保证农村社会救助工作顺利实施的基础与前提，应通过加强救助工作经办人员的业务培训和相关法律制度建设等途径来进一步提高社会救助工作的规范化水平。

二 完善我国农村社会救助的对策建议

鉴于我国农村社会救助政策在实践运行中存在的一些问题，为充分发挥社会生活救助保障农民的基本生活、维护社会公平公正与和谐发展的重要作用，需要着力推进社会救助的科学化、系统化、社会化、法制化和规范化的进程。

（一）优化农村社会救助资源的供给系统

救助资源供给系统的优化，是农村社会救助政策有效运行与不断完善的前提条件和物质基础。社会救助资源主要包括资金、实物和服务三种类型，其供给主体主要是政府、民间组织及个人。当前，资金短缺已成为影响农村社会救助政策发展与完善的关键因素。只有做好救助资金的综合筹措、有效整合和合理配置三个环节，优化救助资金的供给系统，才能为农村社会救助政策的顺利实施提供坚实的保障。

在资金筹措方面，主要是做好三个方面的工作：一是加大政府财政对农村社会救助的投入力度。在贫困标准提高、贫困范围扩大的情况下，随着社会经济实力的不断增强，中央财政和地方各级财政应不断增加对农村社会救助的投入资金，并科学调整社会救助的各个单项制度的资金投入比例，使救助资金的投入规模和投入结构更为合理。同时，救助资金投入要综合考虑与权衡各种因素，既要提供充足的救助资金，满足救助对象的基本生活需求，保证他们公平地分享到社会经济发展带来的成果，又要考虑到贫困救助与鼓励发展之间的关系、救助资金投入规模与政府财政承受能力之间的关系。因此，要综合参考各种因素来合理确定政府财政对农村贫困救助的资金投入规模，并且财政投入数量应根据农村贫困状况的变化和社会经济的发展而作出相应调整。二是健全各级政府的财政分担机制。在确定各级政府的救助资金投入比例时，应由人为的主观因素转向影响财政支出的客观因素。从中央政府层面来看，应从全国性的角度尽快确定各项农村社会救助的最低标准，从而为健全合理的财政分担机制提供前提性条件。在衡量各地经济与财政的基础上，将全国划分为几个片区，分别设定与实行相应的具体救助标准，以使其更具科学性和可操作性。对于财政状况较差的省份，可以通过规范的财政转移支付来平衡区域之间贫困救助的财力差距。从省级政府层面来看，省级政府应参照中央财政与省级政府财政的救助资金分担办法，在中央确定的最低救助标准基础上，立足各市、县的具体经济状况、财政收支以及需要救助的规模与程度等指标，划定适用于本省范围的农村救助标准，并建立合理的省级以下财政分担机制。从财政分担的保障措施来看，应尽快完善政府间救助责任问责制，及时把救助责任财政分担的执行情况作为衡量政府实施农村社会救助水平的主要考核指标，既加强上级对下级的审计与监察，又注重下级对上级的反映与监督。三是拓宽社会筹资渠道。社会筹资是增加救助资源的重要渠道，是公共财政供给的有力补充。我国目前的社会筹资主要包括发行福利彩票和社会捐助两种方式。社会福利彩票作为经常化和规范化的社会筹资方式，是今后社会筹资的发展方向。可以在原有的基础上扩大发行规模，统一管理，并划出一定比例的收入作为社会救助资金；也可以考虑增加彩票发行品种，直接发行农村救助彩票，提高发行吸引力，发行收入全部充实到农村社会救助基金中去。社会捐助主要是向那些基本物质生活陷入困境而自己又无力维持最低生活的人，提供各种形式货币或物资捐助。政府应通过政策引导，大力发展社会慈善事业，完善社会捐赠的激励机制，畅通社会捐助渠道，规范捐助资金的管理与运作，形成民政部门牵头组织、各有关部门大力配合、社会各界积极参与的协作体系。

在资金整合方面，应围绕农村贫困人群对各种救助资金进行有效整合。我国目前主要有六类救助资金：一是财政投入，包括政府直接投入的最低生活保障资金、扶贫开发资金、五保供养资金、医疗救助资金、教育救助资金以及各种临时性救助资金等；二是政府部门、社会团体或企业在农民生产、教育和医疗等方面所采取的各项优惠政策；三是通过发行福利彩票取得的救助公益金；四是社会慈善募捐资金；五是临时性的社会捐助；六是世界银行及其他国际组织提供的各种扶贫贷款。在我国目前社会救助资金短缺的情况下，如何对各种救助资金进行有效整合，合理确定救助对象和投入重点，是提高救助资金使用的整体效能、缓解救助资金总量短缺的重要措施。救助资金的有效整合不是仅靠一两个部门或单位就能够完成的，需要财政、民政等多个政府部门的通力协作以及社会团体、广大群众的共同参与。

在资金配置方面，应合理确定资金的使用方向与规模。根据社会救助属地管理的原则，中央和省级政府都要进一步完善专项救助资金的调剂制度，加大对中西部和老、少、边、穷地区的农村救助资金的支持力度，不断改进资金转移支付的方法与手段。结合农村贫困地区的人口、经济、财政状况等综合因素，设置救助项目和具体指标，合理确定资金转移支付的方向和规模。同时，由于我国目前区域经济发展差距悬殊、中央财政支付能力有限等客观情况，而且贫困地区的劳动力为经济发达地区创造了大量财富，发达地区有义务对贫困地区给予一定的补偿。因此，可以考虑将单一的纵向资金转移支付模式发展为以纵向为主兼有横向的纵横交错模式。① 通过横向资金转移，既能够增加转移支付的透明度，更有利于均衡区域间的公共服务能力。其具体资金转移方式，可以推行经济发达的地区直接向贫困地区进行救助资金横向转移。此外，在救助资金的配置上，还应注重资金的分类使用，即将一般的基本生活救助同特殊的专项救助进行分类对待，以保证救助资金使用效率的最大化，实现应保尽保。事实上，大多数需要一般性的基本生活救助的农民是不需要包含医疗、教育、住房等全部在内的专项救助。倘若不进行分类救助的话，就会造成救助资金大量集中在基本生活需要救助的那部分人群，从而导致救助资源的闲置或者浪费，也必然产生不公平现象，使基本生活水平稍微高于国家贫困救助标准的那部分人群不能获得急需的专项救助。因此，有必要在救助对象和救助项目上进行合理区分，在具体操作过程中，既要扩大基本生活救助对象的范围，又要根据救助对象的实际需要实行分类救助。

除了要优化救助资金的供给系统之外，还应整合救助实物和救助服务。救助实物主要包括为贫困农户提供的米、面、油等生活必需品；为灾民送去的帐篷、药品等救灾物品；为五保对象添置的养老设施、残疾人的康复器械；为困难农民提供的其他物品形式。救助服务主要包括为救助对象免费提供医疗保健服务；为行动不便的救助人群提供上门服务；组织群众性文体娱乐活动；帮助困难人群树立自立自强的心理援助；开展其他各种便民服务。要积极探索和整合各种有效的社会救助方式，消除原有救助模式单一、被动等弊端，构建衔接配套的多元救助资源综合体系，将有助于农村贫困状况得到科学化、系统化和人性化的解决。在社会救助实施过

---

① 黎民：《我国社会救助资源分配的公平性研究》，《福建论坛》（人文社会科学版）2008年第9期。

程中，应充分发挥非政府组织的作用，引导和鼓励民间力量积极参与社会救助；在提供救助的方式上，坚持将资金救助、实物救助、服务救助结合起来，实现救助资源的整体效能最大化。

(二) 注重农村社会救助体系建设的衔接配套

农村社会救助涉及面广、内容丰富、工作量大、头绪复杂，必须妥善处理方方面面的关系，因此，在完善农村社会救助政策过程中应当统筹考虑、整体设计，切实做好各项制度与措施的衔接配套工作。当前，应重点做好两个层次的工作：

一方面，在社会救助体系内部进行有效整合与规范。首先，从解决农民贫困的角度出发，加强各项救助制度之间的衔接配套，尽快健全各项农村社会救助制度，构建以农村最低生活保障制度为基础，涵盖扶贫开发、五保供养、医疗救助、教育救助、司法援助等在内的救助网络，推进救助制度的功能整合[①]，避免发生遗漏救助和重复救助的现象，实现农村社会救助政策体系的改进与完善；其次，加强社会救助各要素间的衔接，促进救助对象、救助标准、救助程序、救助资源、救助管理等方面的衔接配套，形成协调统一的有机整体；最后，加强社会救助行政工作的衔接，促进相关部门和单位之间以及部门单位与社会之间的交流与合作，定期沟通救助信息，商讨救助事项，形成社会救助工作协调运作的长效机制，努力提高救助资源和力量的综合利用功效。

另一方面，推进社会救助政策与其他社会保障政策之间的衔接配套。我国的社会保障政策，包括社会救助、社会保险、社会福利、社会互助等内容。这几项社会保障政策既相互联系又相互区别。其中，社会救助是社会保障政策体系中最基本的内容，主要维持困难群众的基本生活，被誉为最后一道"安全网"；社会保险主要是对劳动者在因年老、失业、患病、工伤、生育而减少劳动收入时给予经济补偿，主要包括养老保险、失业保险、医疗保险、工伤保险和生育保险等项目，被誉为社会保障的核心；社会福利是指政府和社会向老人、儿童、残疾人等社会中特别需要关怀的人群，提供必要的社会援助，以提高他们的生活水准和自立能力。主要包括老人福利、妇女福利、儿童福利、青少年福利、残疾人福利等，被誉为更

---

① 代恒猛：《社会救助政策的转型与整合——北京经验》，《当代世界社会主义问题》2009年第2期。

高层次的社会保障;社会互助是指社会团体及个人自愿组织和参与的帮扶活动,主要包括社会捐赠、彩票发行、慈善行为,等等。社会救助要与社会保险、社会福利、社会互助之间相互配套衔接,形成梯次保障结构,提高整体保障效能,从而多层次、多方面地满足农村弱势群体多元化的社会保障需求。①

(三) 健全农村社会救助管理体制和工作机制

社会救助工作是一项综合性很强的系统工程,构建统一协调的社会救助管理体系与工作机制,为完善农村社会救助政策提供坚实的组织保证。我国农村救助对象的情况非常复杂,救助内容分属于不同部门,救助资源也较为分散,仅靠单个部门无法负责管理社会救助事务。针对目前"条块分割、多龙治水"的管理格局,必须改进农村社会救助工作的管理体制,健全综合协调机制与工作机制。其主要工作在于五个方面:一是健全分级负责、上下联动的救助管理体制。各级政府应承担起农村社会救助工作的主体职责,切实把该项工作纳入本地区经济社会发展的重要议事日程,认真做好农村社会救助的规划、协调、资金筹集、过程管理等各项事务。省、市、县(区)三级成立农村社会救助工作领导(或协调)小组,组长由政府主要领导担任,成员由政府相关职能部门负责人组成;乡镇(街道)建立农村社会救助工作站,村(居)委会安排专人从事农村社会救助工作。形成省、市、县(区)、乡镇(街道)、村(居)委会五级救助管理网络,一级抓一级,层层抓落实。二是完善政府领导、部门负责的救助工作协调机制。根据责权一致的原则,明确界定各部门在农村社会救助工作中应承担的相应责任。民政部门承担农村社会救助工作领导(或协调)小组办公室的职责,做好农村社会救助的综合协调与日常管理事务。实行农村社会救助工作领导(或协调)小组成员单位联席会议制度,根据农村困难群体的救助需求情况,及时提出社会救助的综合性政策与措施,报救助工作领导(或协调)小组批准后,协调和组织有关部门进行落实。政府各有关部门按照本部门的救助职责,制定详细的工作计划与措施,认真落实各项救助政策。三是健全救助工作的基层服务网络。应加强乡镇(街道)农村社会救助管理与服务网络建设,构建一个运转高效的基层救助服务平台,所有的救助信息、项目和款物由社会救助工作站进行

---

① 王齐彦主编:《中国城乡社会救助体系建设研究》,人民出版社2009年版,第56页。

汇总、申请和发放。根据本辖区内的农村人口比例与当地救助工作的具体情况，配齐配强社会救助工作站的工作人员，落实工作经费，改善办公条件。四是建立救助信息数据库，完善救助信息共享机制。各级各部门需摸清农村各类困难人群的底数，逐人建档建卡，根据信息完整、简明实用、方便查询、管理规范的原则，建立健全农村各类困难人群的基本信息数据库，完善省、市、县（区）、乡镇（街道）、村（居）委会五级纵向贯通、部门横向互联的救助信息共享机制。加强各部门之间的协作，有关部门应及时将救助信息报送同级社会救助工作领导（或协调）小组办公室。各级社会救助办公室应尽快将各部门的救助信息、救助数据进行收集汇总和对外发布。[①] 五是健全救助工作监督机制。要对农村社会救助的实施情况进行行政监督与社会监督，并不断完善各类考核奖惩制度，将农村社会救助工作列入政府目标考核，列入领导任期目标责任，把农村社会救助的实施成效作为对各级领导班子和领导干部政绩考核的重要内容。

（四）着力构建城乡一体化的社会救助体系

建立城乡一体化的社会救助体系既是我国社会救助政策发展的长远目标，也是当前开展农村社会救助工作的现实选择。实现社会救助体系城乡一体化，必须综合考虑到具体国情、所需条件和推进过程，要坚持城乡统筹的发展思路，逐步过渡到一体化。当前，需要重点做好三个方面的工作：首先，政府救助资金投入应适当倾向农村地区。在注重对城镇社会救助资金投入的同时，政府财政支出应适当倾向农村地区，以充实农村社会救助资金，使困难农民真正从中受益。[②] 资金短缺是农村社会救助工作发展缓慢的一个重要因素，这与我国长期以来"以农促工"的发展战略密切相关，现在应该颠倒过来，要加强对农村地区的资金投入。其次，改革现行的户籍制度。长期以来我国农民的应有利益没有实现或者没有充分实现，究其原因，一个很重要的方面就是由城乡二元结构的户籍制度造成的。现行的户籍制度将人们划分为农村户口和城镇户口，这就导致了一种身份上的不平等，相对于城镇人口来说，农村人口在基本生活保障、教育救助、医疗保障和就业等方面难以享受到应有的待遇。关于对现行户籍制度的改革，一种观点认为应该破除城乡分立，实行城乡统一的户籍制度，

[①] 王兴福：《建立健全社会救助管理体制和运行机制》，《学习月刊》2008年第4期。
[②] 谢宜彤：《我国农村社会救助体系建设成就与问题》，《当代经济》2010年第19期。

另一种观点认为在保留两类户口的前提下逐步放松对户口迁移的限制。由于改革户籍制度关系重大且过程复杂，因此要循序渐进，目前可以先放宽对户口迁移的限制，在条件成熟时再实行城乡统一的户籍管理制度。最后，建立农民工社会救助制度。农民工为我国社会经济发展作出了巨大贡献，是我国社会主义建设的一支重要力量。对于有意定居城镇稳定性较强的农民工，尽量将其纳入城镇社会救助体系；而对于经常游离于城乡之间流动性较强的农民工，要结合农村和城镇社会救助的具体情况，寻求一个灵活的救助方式，最低生活保障由其户籍所在地负责，其他社会救助项目，如医疗救助、教育救助等，可以在城乡之间进行转移负责，不论他们最终是留在城镇还是返回乡村，都能保障其享受应有的救助权利。建立农民工社会救助制度，是推进城乡社会救助体系一体化过程中的过渡政策。

（五）推进农村社会救助的法制化进程

尽快推进社会救助的立法工作，不断完善社会救助的法律法规，是建立健全农村社会救助体系、规范救助行为、提高救助水平的重要前提和保证。当前必须加快社会救助在制度层面上由行政法规与部门规章向国家法律的层次发展，逐步建立完善的社会救助法律体系。社会救助立法的着力点在于：一是尽快出台《社会救助法》。由于我国目前还没有综合性的社会救助法规，要尽快出台一部体系完备、内容完整、规范适当、可操作性强且具有长远性的社会救助基本法，就救助对象的界定与分类、救助资金的来源与管理、救助标准与项目、救助管理体制及其运行等问题作出明确规定。二是加快制定专项社会救助法。我国现行的专项社会救助法律特别是教育救助、医疗救助方面的法律法规还很不完善。我国有关部门已就农村五保供养、救灾捐赠、教育救助、医疗救助和法律援助出台过一些相关的法规、政令或文件，但这些制度文本内容还比较零散，缺少统一性和规范性，需要对其进行合理整合，形成一部关于农村社会救助项目的综合法典，或就各类救助项目制定单行法规。三是完善与社会救助相关的法律规定。根据我国目前的制度安排，社会救助对象是以户籍和财产为前提来进行确定的，调整与完善户籍、收入申报和财产核定等方面的法律法规对于社会救助工作有着直接的影响。要不断改进现有的具体救助政策与措施，尽快建立家庭经济收入申报和审查制度，积极探索对农村流动人口中困难群体的救助制度，及时调整农村社会救助的某些规定，以顺应形势的新发展。同时，在加强农村社会救助法制化进程中要注重与有关部门的通力协作，充分发挥农村社会救助工作中立法与执法的互动效应①，以保证农村社会救助工作的顺利开展。

三 完善我国农村社会救助的几点反思

如前所述，我国转型期的农村社会救助工作面临着诸多的现实问题，需要采取一些有效的对策与措施来加以改进，以充分发挥农村社会救助的最大功效。基于我国现行救助政策的运行情况，笔者还有如下几点反思：

第一，社会救助与改善民生。当前，关注民生、保障民生、改善民生已成为全国上下的共识。民生问题解决得越好，普通百姓的生活水平就越高，也越有利于维护改革发展稳定大局。由于多种原因，我国现阶段还有相当数量的社会成员在生产生活方面存在许多困难，迫切需要政府与社会的关心和帮助，而农村贫困问题比城市贫困问题更为突出，因此，我们应该将农村社会救助纳入民生工作的大框架中加以定位与思考，以关注民生为己任，以保障民生为天职，以改善民生为追求，不断完善农村社会救助政策体系，切实采取各种有效救助措施，帮助农村困难群体解决实际问题，尽快实现脱贫致富。

第二，农村边缘贫困人口的救助问题。国家对农村困难群体采取财政补贴等政策，但在现实中还有许多不符合救助条件的低收入群体因物价上涨，生活较为困难，这就是农村边缘贫困问题。我国目前农村社会救助政策主要覆盖的是农村低保对象，低保对象不仅享受低保待遇，同时还可以享受其他的相关救助政策，而家庭收入刚刚超过低保标准的农民就不能享受农村低保，但是事实上一些农村低保对象在享受了救助之后，实际的生活状况还好于这些农村低保边缘户，这是因为这些边缘户既没有享受到农村低保，也没有享受到其他的专项救助。对于这些边缘户应采取适当的救助办法，可以根据其家庭困难程度，分为不同类别进行分档救助，要通过临时救助与专项救助相结合的方式解决其不同方面的困难，待条件成熟后再把他们纳入制度救助的范围。

第三，农村社会救助与农民基本权利的实现。中国社会发展的进程伴随着体制的转轨与变革，在这个过程中，一些与原体制相关人员的某些权利受到损害和剥夺，比如在城市化的进程中，许多农民因为土地被政府征收而成为无业人员。因此，对于那些生活陷入困难的农村居民给予救助，

---

① 王齐彦主编：《中国城乡社会救助体系建设研究》，人民出版社2009年版，第50页。

既是支付改革发展成本的一种方式，也是尊重和保障农民基本权利的具体体现。在当代社会，每位公民在生活困难时享受社会救助是法律赋予的一项基本权利，虽然我国目前还没有专门的社会救助法，但我国《宪法》明确规定：公民在年老、疾病或者丧失劳动能力的情况下，有从国家和社会获得物质帮助的权利。国家发展为公民享受这些权利所需要的社会保险、社会救济和医疗卫生事业。[①] 由此可见，农村社会救助的实施成效反映了农民基本权利的实现程度，能够帮助贫困农民解决实际问题，以维护他们的生存与发展权利。

第四，积极开展农村社会救助志愿者服务。相对于农村困难群体的救助需求来说，仅从政府和社会组织的层面来开展救助工作实际上还是不够的。作为政府和社会组织对农村困难群体进行救助的一种有效补充，志愿者服务往往是多方面的、直接贴近的、灵活而长期的，因而也是非常受欢迎的。现阶段应进一步加强对志愿者活动的管理与协调，积极引导志愿者服务面向农村居民尤其是农村困难群体。鼓励众多热心社会公益的人士利用业余时间主动参加各种形式的志愿者活动，大力开展以奉献、互助、友爱为内容的公益性福利工作，通过对志愿者进行业务培训来不断提升其专业化服务水平，逐步建立起更加健全和更加有效的社会互助网络，从而大幅提高农村社会救助成效，并营造一个社会成员彼此信任、互利互助、和谐相处的良好氛围。

第五，农村社会救助政策运行绩效的指标构建与评价问题。农村社会救助政策是否科学、是否符合我国社会发展的客观实际，对改善农民生活、促进社会发展有多大贡献，这些其实都属于农村社会救助的绩效评价问题，因此需要对相关评价指标体系进行合理构建与评估，其过程可以设定为"讨论指标→建立指标体系→确立指标评价方法→寻找指标评价标准→实证评分→按权重汇总→得出分值→分析分值→讨论救助政策的改进空间"，但由于设定的具体过程非常复杂、工作量大，加之笔者研究水平有限，本书仅从定性的层面加以阐释，没有深入探讨下去，这需要在今后进行全面分析与系统研究。

第六，农村社会救助政策运行的国际比较问题。他山之石，可以攻玉，对国外农村社会救助政策的运行情况进行考察与比较，可以从中获得

---

① 2004 年《中华人民共和国宪法》第四十五条。

有益的启示，为我国农村社会救助政策的发展与完善找到捷径。当然，借鉴国外的救助经验应当结合我国经济社会发展的具体实际，但这并不削弱对国外农村社会救助进行研究的重要性。由于笔者目前所掌握的国外农村社会救助资料有限，本书没有对国外农村社会救助政策的运行情况作出分析与比较。这有待于在下一步的研究中进行深入探讨。

结 论

随着社会主义市场经济体制的建立，我国经济建设和社会发展取得了巨大的成就，但农村贫困问题依然存在，并呈现出一些新的特点。作为解决贫困问题的重要方式之一，农村社会救助在改善农民生活和维护社会稳定等方面发挥了重要作用。我国目前已初步建立了以农村低保制度为核心的农村社会救助体系，然而由于各种原因，其中还存在许多问题，亟须加以改进与完善。在宏观层面上，农村社会救助的法制建设、管理体制、运行机制和发展规划等都对社会救助事业的发展有着重要影响。在微观层面上，农村社会救助政策运行中的资金筹集、对象认定、救助标准和工作网络等都需要进一步明确和健全。因此，我们要充分利用现阶段的经济、政治与社会条件以及社会救助过程中的实践经验，不断完善农村社会救助政策，真正发挥其应有的功效。

通过对我国转型期农村社会救助问题的系统分析，得出如下基本观点：

第一，当前我国农村贫困问题的形成原因既有社会方面的因素，也有个人方面的因素，其中社会因素是其主要方面，所以政府对农村贫困群体实施救助具有不可推卸的责任，并要利用社会转型这个有利时机积极发展农村社会救助事业。

第二，农村社会救助政策的各个项目存在的问题既有共性又有个性，应根据具体情况，针对存在于其间的各种缺陷，采取相应的改进措施。要加强各项救助制度之间的衔接配套，推进救助制度的功能整合。同时，社会救助要与社会保险、社会福利、社会互助相互配套衔接，形成梯次保障结构，提高整体保障效能。

第三，优化农村社会救助资源的供给系统。中央财政和地方各级财政应不断增加对农村社会救助的投入资金，并科学调整社会救助的各个单项制度的资金投入比例。政府要通过政策引导，大力发展社会慈善事业，畅通社会捐助渠道，规范捐助资金的管理与运作。

第四，研究认为，应构建省、市、县（区）、乡镇（街道）、村（居）委会五级救助管理网络，并赋予民政部门对农村社会救助事务的综合协调职责。目前存在的社会救助"多龙治水"的管理格局必须改变，民政部门要承担起救助的整体协调职责，对各项救助业务进行综合协调，对各种救助资源进行优化整合。

第五，应规范救助工作程序。凡涉及救助的标准、资金和对象等信息都应进行公示，救助资金必须定期接受审查。要通过建立农村社会救助运行的一整套程序来确定救助对象，规范救助工作，广泛动员与组织群众参与救助对象的界定过程。要健全救助工作监督机制，完善各类考核奖惩制度。

第六，应建立城乡一体化的社会救助体系，改革现行的户籍制度。现行的户籍制度将人们划分为农村户口和城镇户口，这就导致了一种身份上的不平等，相对于城镇人口来说，农村人口在享受社会救助待遇方面处于不利地位。由于改革户籍制度关系重大且过程复杂，因此要循序渐进，目前可以先放宽对户口迁移的限制，在条件成熟时再实行城乡统一的户籍管理制度。

第七，研究认为，非政府组织应积极参与农村社会救助工作。非政府组织在补充救助资金、提高工作效率和满足救助多样性需求等方面具有独特的优势，但就目前情况来说，我国非政府组织的培育和发展是远远不够的。当前，应不断创造各种有利条件，努力完善非政府组织对农村贫困群体的救助机制，理顺非政府组织与政府之间的关系，推动非政府组织的健康发展，促进社会救助资源的公平分配，充分发挥其在农村社会救助中的积极作用。

第八，加快推进农村社会救助的法制化进程。当前必须尽快推进农村社会救助由行政法规与部门规章向国家法律的层次发展，建立健全农村社会救助法律体系。要抓紧制定一部体系完备、内容完整、可操作性强且具有长远性的社会救助基本法；出台一部关于农村社会救助项目的综合法典，或就各类救助项目制定单行法规；尽快建立家庭收入申报和审查制度，积极探索对农村流动人口中困难群体的救助制度，及时调整农村社会救助的某些规定，以顺应时代的变化与发展。

另外，研究认为，应不断加强农村基层部门的救助工作队伍建设。在现有基层民政机构的基础上,建立健全乡镇和街道的社会救助工作岗位,并根据具体情况来配备工作人员。同时,还要对救助工作人员进行专业培训,注重对各种具体事项的指导与交流,努力提高他们的业务素质,以适应新形势下农村社会救助工作的客观需要。

笔者虽然收集了大量与本书有关的最新研究资料和实证材料,但由于自己的驾驭能力和研究时间有限,致使本书对于我国转型期农村社会救助问题的探讨带有表象性,在总体把握和政策解析上还有待提升与完善。鉴于此,诚请学界前辈和老师们对本书给予指点与帮助,以期本书能起到抛砖引玉的作用。

附 录 一

合肥市农村贫困居民生活状况调查问卷

问卷编号：＿＿＿＿＿＿＿＿

访问地点：合肥市＿＿＿＿县（区）＿＿＿＿乡（镇）＿＿＿＿村（社区）

（根据您的实际情况，请打"√"或填写，谢谢！）

1. 性别：

  A. 男　　　　　B. 女

2. 年龄：＿＿＿＿＿岁

3. 学历：

  A. 未上过学　　B. 小学　　　　C. 初中　　　　D. 高中

  E. 中专及以上

4. 身体状况：

  A. 健康　　　　B. 一般　　　　C. 体弱　　　　D. 一般疾病

  E. 严重疾病

5. 家庭人数：＿＿＿＿＿人；其中，劳动力＿＿＿＿＿人。

6. 职业：

  A. 农业劳动者（种植、养殖农民）　　B. 个体户

  C. 技术人员　　　　　　　　　　　　D. 暂无固定工作者

  E. 其他＿＿＿＿＿＿＿＿＿＿＿＿＿＿（请写明）

7. 您的个人年收入共计＿＿＿＿＿元。

8. 收入的主要来源：

  A. 务农收入　　B. 打工收入　　C. 经商收入　　D. 社会救助

  E. 其他＿＿＿＿＿＿＿＿＿＿＿＿＿＿（请注明）

9. 您的家庭人均年收入：

  A. 1000 元以下　　　　　　　　　B. 1000—2000 元

C. 2000—3000 元　　　　　　　D. 3000—4000 元

E. 4000 元以上

10. 您家一年的总支出大约是_____元。其中，饮食费用支出大约是_____元。

11. 日常生活中，您家主要吃些什么？_____（请写明）

12. 请选择符合您家情况的选项：

A. 一个星期没有吃过肉

B. 一个星期有 1—3 天吃过肉

C. 一个星期有 4—6 天吃过肉

D. 一个星期基本每天都有肉吃

13. 日常生活中，您家穿的衣服最主要是由：

A. 自己购买　　　B. 亲友赠送　　　C. 社会捐赠

D. 其他_____（请写明）

14. 下面物品中，您家拥有哪些？（可多选）

A. 固定电话　　B. 手机　　　C. 电视机　　D. 洗衣机

E. 电冰箱　　　F. 自行车　　G. 电动车　　H. 摩托车

I. 其他_____（请写明）

15. 您对自己家庭经济生活的满意程度是：

A. 很不满意　　B. 不太满意　　C. 一般　　　D. 比较满意

E. 非常满意

16. 您认为导致您生活贫困的原因主要是社会原因还是个人原因？

A. 社会原因　　B. 个人原因

17. 如果是社会原因，那么您认为最主要的是以下哪一种：

A. 产业结构调整　　　　　　B. 物价上涨过快

C. 社会贫富差距过大　　　　D. 社会保障体系不完善

18. 如果是个人原因，您认为最主要的是以下哪一种：

A. 文化水平低　　B. 专业技术差　　C. 身体患病

D. 身体有残疾　　E. 择业观念守旧　　F. 社会交往面窄

19. 您家现在是否有孩子在上学？

A. 是（请回答第 19.1—19.4 题）

B. 否（跳答至第 20 题）

19.1 您家孩子接受教育的开支费用是：小学每年_____元，初中每年_____元,高中每年_____元,大学每年_____元。

19.2 您家孩子上学时享有的政策有:(可多选)

A. 减免学杂费　B. 助学贷款　　C. 勤工俭学　D. 餐补

E. 其他_____(请写明)

19.3 当家庭缺钱无法为孩子上学提供费用时,您会怎么办?(可多选)

A. 向亲戚借钱　B. 向邻居借钱　　C. 向朋友借钱

D. 向银行贷款　E. 让孩子辍学

F. 其他_____(请写明)

19.4 您对孩子上学的态度是:

A. 全力支持孩子上学,要求他们努力学习知识

B. 上几年学,只要能认识几个字就行了

C. 随孩子自己

D. 劝孩子退学,早点工作

E. 家庭经济困难,不能提供上学费用

F. 其他_____(请写明)

20. 您享有低保吗?_____;您每月领取的低保金为_____元。

21. 生病时会不会去医院看病?

A. 通常不去　　B. 经常去

22. 就医费用的来源:(可多选)

A. 家庭内部支付　B. 亲朋好友借款　　C. 医疗救助

D. 其他_____(请写明)

23. 对于目前实施的新型农村合作医疗制度,您的想法是:

A. 积极参加　　B. 看看大家意见　　C. 不参加

24. 在您需要帮助时,下列人员中,对您家帮助最大的是:

A. 亲戚　　　　B. 朋友　　　　　C. 邻居　　　　D. 村干部

E. 其他_____(请写明)

附 录 二

访谈提纲

一 对救助政策受助者的访谈提纲

1. 请问导致您生活困难的原因主要在于社会方面还是在于个人方面？
2. 请问您目前的收入情况如何？
3. 您是否有子女在校上学？如果有，学费支出是多少？
4. 您的身体健康状况如何？生病时是否经常去医院？
5. 请问您家中是否领取低保金？低保金作用大不大？
6. 请谈谈您目前在生活方面、子女方面、就业方面有什么愿望？
7. 您最希望政府为您提供哪些方面的帮助？

二 对农村救助工作人员的访谈提纲

1. 请问您负责农村救助工作中的哪个具体项目？
2. 申请救助的主要是哪些人群？
3. 请谈谈农村低保政策的申请、审批程序及审核的依据是什么？
4. 农村家庭的经济收入应该如何核实？
5. 请问您在实施农村低保政策中遇到的困难是什么？
6. 您认为农村低保标准的设置是否偏低？有何建议？
7. 您认为是否存在"养懒汉"现象？
8. 工作中是否经常组织农民参加就业培训活动？救助对象积极性如何？

参考文献

    一　著作类

[1]《马克思恩格斯全集》第 3 卷，人民出版社 1982 年版。
[2]《马克思恩格斯全集》第 42 卷，人民出版社 1979 年版。
[3]《马克思恩格斯选集》第 1 卷，人民出版社 1995 年版。
[4]《马克思恩格斯全集》第 5 卷，人民出版社 1972 年版。
[5]《马克思恩格斯选集》第 3 卷，人民出版社 1995 年版。
[6]《马克思恩格斯全集》第 21 卷，人民出版社 1972 年版。
[7]《马克思恩格斯全集》第 19 卷，人民出版社 1972 年版。
[8]《马克思恩格斯全集》第 20 卷，人民出版社 1971 年版。
[9]《马克思恩格斯全集》第 25 卷，人民出版社 1975 年版。
[10]《马克思恩格斯全集》第 37 卷，人民出版社 1978 年版。
[11]《马克思恩格斯全集》第 23 卷，人民出版社 1972 年版。
[12]《马克思恩格斯全集》第 46 卷下册，人民出版社 1979 年版。
[13]《列宁全集》第 36 卷，人民出版社 1985 年版。
[14]《列宁选集》第 3 卷，人民出版社 1995 年版。
[15]《毛泽东文集》第一卷，人民出版社 1993 年版。
[16]《毛泽东文集》第六卷，人民出版社 1999 年版。
[17]《毛泽东文集》第二卷，人民出版社 1993 年版。
[18]《毛泽东著作选读》下册，人民出版社 1986 年版。
[19]《邓小平文选》第一卷，人民出版社 1994 年版。
[20]《邓小平文选》第三卷，人民出版社 1993 年版。
[21]《江泽民文选》第一卷，人民出版社 2006 年版。
[22]《江泽民文选》第二卷，人民出版社 2006 年版。
[23]《江泽民文选》第三卷，人民出版社 2006 年版。
[24] 中共中央文献研究室：《十二大以来重要文献选编》中册，人民出

版社 1986 年版。

[25] 中共中央文献研究室编：《十四大以来重要文献选编》上册，人民出版社 1996 年版。

[26] 中共中央文献研究室：《十五大以来重要文献选编》中册，人民出版社 2001 年版。

[27] 中共中央文献研究室：《建国以来重要文献选编》第五册，中央文献出版社 1993 年版。

[28] 中共中央文献研究室：《江泽民论有中国特色社会主义（专题摘编）》，中央文献出版社 2002 年版。

[29] 《中共中央关于推进农村改革发展若干重大问题的决定》辅导读本，人民出版社 2008 年版。

[30] 国家民政部编：《中国民政统计年鉴》，中国统计出版社 2009 年版。

[31] 国家统计局编：《2010 中国发展报告》，中国统计出版社 2010 年版。

[32] 金雁著：《从"东欧"到"新东欧"：20 年转轨再回首》，北京大学出版社 2011 年版。

[33] 常绍舜主编：《社会主义建设辩证法研究》，中国检察出版社 2005 年版。

[34] 米勇生主编：《社会救助》，中国社会出版社 2009 年版。

[35] 郑功成：《社会保障学：理念、制度、实践与思辨》，商务印书馆 2000 年版。

[36] 洪大用：《转型时期中国社会救助》，辽宁教育出版社 2004 年版。

[37] 唐均著：《市场经济与社会保障》，黑龙江人民出版社 1995 年版。

[38] 廖益光主编：《社会救助概论》，北京大学出版社 2009 年版。

[39] 陈成文、胡书芝等著：《社会救助与建设和谐社会》，湖南师范大学出版社 2007 年版。

[40] 周彬彬：《向贫困挑战：国外缓解贫困的理论与实践》，人民出版社 1991 年版。

[41] 孙立平：《中国新时期阶级阶层报告》，辽宁人民出版社 1995 年版。

[42] 费孝通：《乡土中国》，上海人民出版社 1998 年版。

[43] 刘明宇：《贫困的制度成因》，经济管理出版社 2007 年版。

[44] 李秉龙、张立承、乔娟等著：《中国农村贫困、公共财政与公共物品》，中国农业出版社 2004 年版。

[45] 曹艳春：《我国城乡社会救助系统建设研究》，上海人民出版社 2009 年版。

[46] 柳拯：《当代中国社会救助政策与实务研究》，中国社会出版社 2005 年版。

[47] 卫兴华主编：《中国社会保障制度研究》，中国人民大学出版社 1994 年版。

[48] 林莉红、孔繁华：《社会救助法研究》，法律出版社 2008 年版。

[49] 国家统计局编：《中国统计摘要》，中国统计出版社 2005 年版。

[50] 宋士云：《中国农村社会保障制度结构与变迁（1949—2002 年）》，人民出版社 2006 年版。

[51] 张磊：《中国扶贫开发政策演变（1949—2005 年）》，中国财政经济出版社 2007 年版。

[52] 刘坚：《新阶段扶贫开发的成就与挑战——中国农村扶贫开发纲要（2001—2010 年）中期评估报告》，中国财政经济出版社 2006 年版。

[53] 童星、林闽钢主编：《中国农村社会保障》，人民出版社 2011 年版。

[54] 赵庆国、孔令文：《农村五保供养机构的建设与管理》，中国农业出版社 2008 年版。

[55] 郑功成主编：《社会保障学》，中国劳动社会保障出版社 2005 年版。

[56] 王名、刘培峰等著：《民间组织通论》，时事出版社 2004 年版。

[57] 邓国胜：《非营利组织评估》，社会科学文献出版社 2001 年版。

[58] 王名主编：《中国非营利评论》第一卷，社会科学文献出版社 2007 年版。

[59] 王名、刘国翰、何建宇：《中国社团改革——从政府选择到社会选择》，科学文献出版社 2001 年版。

[60] 王齐彦主编：《中国城乡社会救助体系建设研究》，人民出版社 2009 年版。

[61] 袁金辉：《冲突与参与：中国乡村治理改革 30 年》，郑州大学出版社 2008 年版。

[62] 孟勤国：《中国农村土地流转问题研究》，法律出版社 2009 年版。

[63] 江亮演：《社会救助的理论与实务》，桂冠图书股份有限公司 1990 年版。

[64] [印度] 阿马蒂亚·森:《贫困与饥荒》,王宇等译,商务印书馆 2001 年版。

[65] [美] 塞缪尔·P. 亨廷顿:《变化社会中的政治秩序》,三联书店 1989 年版。

[66] [法] 皮埃尔·拉罗克等著:《21 世纪社会保障展望》,唐钧等译,华夏出版社 1989 年版。

[67] [英] 伊丽莎白·拉蒙德:《论英国本土的公共福利》,马清槐译,商务印书馆 1991 年版。

[68] [美] 约翰·罗尔斯:《正义论》,何怀宏译,中国社会科学出版社 1988 年版。

[69] Handel, Gerald, *Social Welfare in Western Society*, New York: West Publishing Company, 1992.

[70] Sen. K. A. , *Poverty and Famine*, Oxford: Clarendon Press, 1999.

[71] Eardley. T. , *Social Assistance in OECD Countries: Synthesis Report*, London: HMSO, 1996.

[72] Goodman. R. , *The East Asian Welfare Model: Welfare Orientalism and the State*, London, New York: Routledge, 1998.

[73] Gerhard A. Ritter. , *Social Welfare in Germany and Britain*, *Origins and Development*, New York: 1986.

[74] Howell. F. , *Chapter 8 Social Assistance: Theoretical Background. Social Protection in Asia and the Pacific*, Asian Development Bank, 2001.

[75] See Harold L. , *Wilensky and Charles N. Lebeaux*, *Industrial Society and Social Welfare*, New York: Free Press, 1965.

[76] White G. , *Social Security Reforms in China: towards an East Asian Model? London*, New York: Routledge, 1998.

[77] Sen. K. A. , *Inequality Re-examined*, Oxford: Clarendon Press, 1992.

[78] Walker R. , *Welfare Benefits and Recession in Great Britain*, *The Dynamics of Modern Society: Poverty, Policy and Welfare*, Bristal: The Policy Press, 1998.

[79] Saraceno, C. , *Social Assistance Dynamics in Europe: National and Local Poverty Regimes Bristol*, UK: Policy Press, 2002.

[80] Mackellar, *Pension System for the Informal Sector in Asia*, World Bank,

2009.

二 期刊类

[1] 汪三贵:《反贫困与政府干预》,《管理世界》1994 年第 3 期。

[2] 秦晖:《中国农村土地制度与农民权利保障》,《探索与争鸣》2002 年第 7 期。

[3] 李小云、董强、饶小龙等著:《农户脆弱性分析方法及其本土化应用》,《中国农村经济》2007 年第 4 期。

[4] 龚振:《贫困地区的致贫因素与脱贫战略》,《经济问题》1997 年第 6 期。

[5] 雷承佐:《社会救助政策的问题研究与思考》,《中国民政》2004 年第 7 期。

[6] 柳拯:《关于构建农村社会救助体系的思考》,《社会福利》2004 年第 7 期。

[7] 苏明、杨良初、张阳:《完善我国农村社会救助制度的思考》,《地方财政研究》2007 年第 6 期。

[8] 高灵芝:《试论农村社会保障制度的框架建设》,《山东社会科学》2003 年第 4 期。

[9] 陆迁:《建立农村最低生活保障制度的几个问题》,《乡镇经济》2003 年第 7 期。

[10] 王贤斌:《马克思恩格斯民生观的逻辑结构》,《理论探索》2011 年第 1 期。

[11] 崔秀荣:《构建贫困地区农村社会救助制度的理性思考》,《农村经济》2007 年第 12 期。

[12] 成志刚、公衍勇:《我国农村贫困救助制度：反思与重构》,《湘潭大学学报》(哲学社会科学版) 2009 年第 6 期。

[13] 莫汀:《完善中国农村社会救助制度浅析》,《四川社会保障》2011 年第 6 期。

[14] 余知鹏:《按社会保障目标建立农村社会救助体系》,《社会福利》2003 年第 4 期。

[15] 娜仁图雅、孙晶:《完善我国农村社会救助制度的思考》,《内蒙古财经学院学报》2009 年第 5 期。

[16] 陈成文、许一波:《从构建和谐社会看建立新型农村社会救助体

系》,《湖南师范大学社会科学学报》2006年第1期。
[17] 华黎:《论政府在农村社会救助制度建设中的作用》,《生产力研究》2008年第13期。
[18] 关信平:《论我国农村社会救助制度的目标、原则及模式选择》,《华东师范大学学报》(哲学社会科学版)2006年第6期。
[19] 胡锦涛:《全面贯彻落实科学发展观推动经济社会又快又好发展》,《求是》2006年第21期。
[20] 胡锦涛:《高举中国特色社会主义伟大旗帜为夺取全面建设小康社会新胜利而奋斗——在中国共产党第十七次全国代表大会上的报告》,《求是》2007年第21期。
[21] 谢军:《论建立新型农村社会救助制度的意义和措施》,《经济师》2006年第11期。
[22] 朱德云、张莹:《对完善我国农村贫困群体救助制度的思考》,《山东经济》2006年第5期。
[23] 洪大用:《完善社会救助,构建和谐社会——2005年社会救助实践与研究的新进展》,《东岳论丛》2006年第5期。
[24] 仲岩:《论农村社会救助工作面临的问题及发展策略》,《江汉大学学报》(社会科学版)2006年第1期。
[25] 谯伟:《论社会保障发展的三个历史阶段及其特征》,《社会科学家》2007年第5期。
[26] 侯志阳:《解析现代社会救助的价值》,《社会福利》2004年第5期。
[27] 李乐平:《略论我国社会事业立法的完善》,《前沿》2011年第19期。
[28] 梅哲:《马克思恩格斯的社会保障思想研究》,《马克思主义研究》2005年第6期。
[29] 朱常柏、双传学:《论胡锦涛的社会保障思想》,《扬州大学学报》(人文社会科学版)2011年第3期。
[30] 许小莲:《让失地农民平等享有社会保障》,《求实》2008年第7期。
[31] 李晓明:《我国山区少数民族农民贫困代际传递的基本特征》,《内蒙古社会科学》2005年第6期。

[32] 王朝明:《中国农村 30 年开发式扶贫:政策实践与理论反思》,《贵州财经学院学报》2008 年第 6 期。

[33] 苏国霞:《扶贫开发是中国特色社会主义的伟大实践》,《经济研究参考》2008 年第 32 期。

[34] 刘娟:《我国农村扶贫开发的回顾、成效与创新》,《探索》2009 年第 4 期。

[35] 王金艳:《当代中国农村扶贫开发模式论析》,《内蒙古民族大学学报》(社会科学版) 2008 年第 4 期。

[36] 苏明、刘军民:《我国减贫形势及未来国家扶贫战略调整的政策取向》,《地方财政研究》2011 年第 6 期。

[37] 刘娟:《中国农村扶贫开发的沿革、经验与趋向》,《理论学刊》2009 年第 8 期。

[38] 廖富洲:《新农村建设必须强化农村扶贫开发》,《学习论坛》2006 年第 9 期。

[39]《农村五保供养工作条例》,《农村财务会计》2006 年第 3 期。

[40] 杨团、张时飞:《当前我国农村五保供养制度的困境与出路》,《江苏社会科学》2004 年第 3 期。

[41] 臧少梅、于学江、修雁:《毛泽东、邓小平、江泽民的社会保障思想及中国的实践》,《内蒙古农业大学学报》(社会科学版) 2006 年第 3 期。

[42] 裴爱红:《胡锦涛社会保障思想探析》,《湖南农业大学学报》(社会科学版) 2009 年第 4 期。

[43] 彭红碧:《中国农村贫困现状及影响因素》,《安徽农业科学》2010 年第 1 期。

[44]《国务院关于在全国建立农村最低生活保障制度的通知》,《中国民政》2007 年第 9 期。

[45] 崔义中、赵可嘉:《完善我国农村最低生活保障制度的若干思考》,《中州学刊》2010 年第 2 期。

[46] 王宇涛:《建立农村最低生活保障制度的探索》,《特区经济》2008 年第 9 期。

[47] 肖云、吴国举、刘慧:《农村最低生活保障退出机制构建研究》,《西北人口》2009 年第 4 期。

[48] 张敏:《完善农村最低生活保障制度的新思考》,《经济问题探索》2011年第5期。

[49] 杨国涛、尚永娟:《中国农村产业化扶贫模式探讨》,《乡镇经济》2009年第9期。

[50] 王贤斌:《我国农村扶贫开发面临的新形势与机制探讨》,《农业现代化研究》2013年第4期。

[51] 李春根、赖志杰:《我国农村五保供养制度:回顾和评述》,《沈阳师范大学学报》(社会科学版)2009年第1期。

[52] 赖志杰、赖永锋:《五问题困扰农村五保供养》,《社会工作》2009年第1期。

[53] 杨团、张时飞:《当前我国农村五保供养制度的困境与出路》,《江苏社会科学》2004年第3期。

[54] 黄金花、吴军民:《税费改革以后农村五保供养制度的运作及其问题——以江西为例》,《江西师范大学学报》(哲学社会科学版)2010年第3期。

[55] 柴志凯、孙淑云:《新旧农村合作医疗制度比较新论》,《中国农村卫生事业管理》2007年第10期。

[56] 乔益洁:《中国农村合作医疗制度的历史变迁》,《青海社会科学》2004年第3期。

[57] 刘雅静、张荣林:《我国农村合作医疗制度60年的变革及启示》,《山东大学学报》(哲学社会科学版)2010年第3期。

[58] 邵芬:《布朗族的发展与社会保障》,《昆明大学学报》2007年第3期。

[59] 高丽敏:《新型农村合作医疗制度:问题与完善》,《中国初级卫生保健》2006年第1期。

[60] 周毕芬:《新型农村合作医疗制度的困境与出路》,《福建农林大学学报》(哲学社会科学版)2008年第1期。

[61] 高则一:《解读新型农村合作医疗制度:发展历程、困境和对策》,《前沿》2010年第1期。

[62] 王贤斌:《新型农村合作医疗制度面临的困境与出路探讨》,《中国发展》2014年第3期。

[63] 申曙光、彭浩然:《全民医保的实现路径——基于公平视角的思

考》,《中国人民大学学报》2009年第2期。
[64] 任洁琼、陈阳:《教育救助》,《社会福利》2002年第11期。
[65] 李文静:《结合国外教育救助制度论我国教育救助制度的发展》,《科学之友》2011年第3期。
[66] 肖云、赵品强:《农村低保家庭子女高等教育阶段教育救助研究——基于农村反贫困视角》,《农村经济》2010年第5期。
[67] 王贤斌:《新时期我国农村教育救助面临的困境与对策》,《教育理论与实践》2014年第28期。
[68] 王广飞:《贫困大学生"学习力"问题探》,《黑龙江高教研究》2011年第3期。
[69] 孔金平、涂文静:《非政府组织在农村社会救助中的作用》,《行政论坛》2008年第1期。
[70] 史传林:《非政府组织参与农村社会救助的优势与模式》,《学习论坛》2008年第12期。
[71] 肖芬芬:《非政府组织（NGO）对社会弱势群体的救助》,《沈阳大学学报》2007年第1期。
[72] 秦勃、张蕊:《试论我国非政府组织政策参与存在的问题、原因及路径选择》,《行政与法》2009年第8期。
[73] 王贤斌、李含伟:《我国非政府给织介入农村社会救助问题探究》,《兰州学刊》2014年第10期。
[74] 温家宝:《关于发展社会事业和改善民生的几个问题》,《求是》2010年第7期。
[75] 阳信生:《农村社会管理服务的缺陷与政府对策》,《湖南农业大学学报》(社会科学版)2008年第1期。
[76] 王曙光:《论新型农民合作组织与农村经济转型》,《北京大学学报》(哲学社会科学版)2010年第3期。
[77] 汤菲:《乡村债务清理问题研究》,《理论探索》2009年第2期。
[78] 袁佩佳、涂圣伟:《村级集体经济组织与农业社会化服务体系建设》,《兰州学刊》2009年第8期。
[79] 何立胜:《我国城乡二元结构模式的制度安排与创新》,《中共福建省委党校学报》2010年第2期。
[80] 林闽钢:《我国农村养老实现方式的探讨》,《中国农村经济》2003

年第 3 期。

[81] 刘翠玉:《论胡锦涛的"三农"思想》,《中共山西省委党校学报》2010 年第 1 期。

[82] 吴桂韩:《30 年农村改革发展的基本回顾与思考》,《江苏省社会主义学院学报》2009 年第 1 期。

[83] 姚晓荣、井文豪:《完善社会救助制度 促进和谐社会建设》,《社会科学家》2007 年第 3 期。

[84] 唐丽娜:《中国社会救助制度发展的战略分析》,《科技管理研究》2011 年第 15 期。

[85] 罗利丽:《社会转型视域下农村社会救助制度的思考》,《特区经济》2011 年第 10 期。

[86] 焦克源、刘振国:《城乡社会救助体系建设与公共服务均等化》,《西北人口》2010 年第 3 期。

[87] 张黎黎、谈志林:《构建我国普惠型社会救助体系的战略思考》,《理论与改革》2009 年第 1 期。

[88] 王兴福:《建立健全社会救助管理体制和运行机制》,《学习月刊》2008 年第 4 期。

[89] 谢宜彤:《我国农村社会救助体系建设成就与问题》,《当代经济》2010 年第 19 期。

[90] 王贤斌:《我国农村社会救助的现实困境及其化解之道》,《青海社会科学》2016 年第 1 期。

[91] 代恒猛:《社会救助政策的转型与整合——北京经验》,《当代世界社会主义问题》2009 年第 2 期。

三 学位论文类

[1] 何平:《社会救助权研究》,博士学位论文,湖南大学,2010 年。

[2] 邹海贵:《社会救助制度的伦理考量》,博士学位论文,中南大学,2010 年。

[3] 梅哲:《构建社会主义和谐社会中的社会保障问题研究》,博士学位论文,华中师范大学,2006 年。

[4] 葛福东:《改革开放以来中国共产党农村社会建设理论与实践研究》,博士学位论文,吉林大学,2010 年。

[5] 蒯小明:《我国农村社会救助发展中的国家责任研究》,博士学位论

文，首都经济贸易大学，2007年。
［6］赵新龙：《农民最低生活保障权制度化研究》，博士学位论文，安徽大学，2011年。
［7］马力昉：《改革开放以来中国共产党社会建设思想研究》，博士学位论文，中共中央党校，2010年。
［8］郭凤英：《建国以来我国城市社会管理体制演变与发展研究》，博士学位论文，华中师范大学，2010年。
［9］蔡丹：《中国特色社会主义事业总体布局思想形成与发展研究》，博士学位论文，中共中央党校，2010年。
［10］刘春怡：《转型期我国城市贫困人口的社会救助问题研究》，博士学位论文，吉林大学，2011年。
［11］李宁：《中国农村医疗卫生保障制度研究》，博士学位论文，中国农业大学，2005年。
［12］王涛：《中国特色社会主义民生建设研究》，博士学位论文，山东师范大学，2010年。
［13］王群：《中国特色社会保障理论与实践问题探索》，博士学位论文，吉林大学，2010年。
［14］张乃亭：《农村最低生活保障制度研究》，博士学位论文，山东大学，2011年。
［15］骆勇：《发展型社会政策视角下的城乡社保一体化问题研究》，博士学位论文，复旦大学，2011年。

四　网站类

［1］合肥市政府网站：《合肥概况》，http：//www.hefei.gov.cn/n1070/n304590/n308986/n774343/1650188.html。
［2］国务院扶贫办网站：《中国农村扶贫开发概要》，http：//www.cpad.gov.cn/data/2006/1120/article_331600.htm。
［3］国家统计局网站：《2010年国家扶贫开发工作重点县农村贫困人口减少482万人》，http：//www.stats.gov.cn/tjfx/fxbg/t20110310_402709619.htm。
［4］中国新闻网：《国办印发农村残疾人扶贫开发纲要（2011—2020）》，http：//www.chinanews.com/gn/2012/01-19/3616817.shtml。
［5］国家统计局网站：《2010年第六次全国人口普查主要数据公报（第1号）》，http：//www.stats.gov.cn/tjgb/rkpcgb/qgrkpcgb/t20110428_

402722232. htm。

[6] 人民网：《中国农民工人数将达2.3亿人，月均收入1417元》，http：// finance. people. com. cn/GB/11208775. html。

[7] 理论网：《建立农村最低生活保障制度的意义》，http：//www. cntheory. com/ news/Lljs/2008/102 8 /081028133442HD7HII4498D0G735JJG0. html。

[8] 中国青少年发展基金会网站：《关于我们》，http：//www. cydf. org. cn/about. asp。

[9] 中国儿童少年基金会网站：《春蕾计划介绍》，http：//www. cctf. org. cn/cljh/cljh. asp。

[10] 中国青少年发展基金会网站：《希望工程学生资助项目介绍》，http：//www. cydf. org. cn/xwgcxmjs. asp？cc = 1&dd = 11。

[11] 中国青年网：《香港乐施会与国务院扶贫办合作推动内地扶贫事业》，http：//vweb. cycnet. com/cms/2006/2006 youth/xw/yw/t20060531_328280. htm。

[12] 国家宗教局网站：《爱德基金会开展慈善事业的实践》，http：// www. sara. gov. cn/zjzc/zjcs/458. htm。

[13] 中国网：《全国政协委员提出NGO双重管理破局设想》，http：// www. china. com. cn/2007lianghui/2007 - 03/13/content_ 7953043. htm。

[14] 中国发展门户网：《2010年我国农村贫困人口2688万》，http：// cn. chinagate. cn/povertyrelief/2011 - 04/13/content_ 22350842. htm。

[15] 国家统计局网站：《2000—2011年国民经济和社会发展统计公报》，http：//www. stats. gov. cn/tjgb/。

[16] 中央政府门户网站：《2008年国务院政府工作报告》，http：// www. gov. cn/test/2009 - 03/16/content_ 1260198. htm。

[17] 国家统计局网站：《2010年第六次全国人口普查主要数据公报》，http：//www. stats. gov. cn/tjgb/rkpcgb。

[18] 中国新闻网：《〈中国农村扶贫开发的新进展〉白皮书》，http：// www. chinanews. com/gn/2011/11 - 16/3464433. shtml。

[19] 光明网：《近十年来西部地区贫困人口比例增加至66%》，http：// politics. gmw. cn/2010 - 12/22/content_ 1488916. htm。

[20] 腾讯网：《中共中央关于制定国民经济和社会发展第十二个五年规划的建议》，http：//news. qq. com/a/20101027/001797. htm。

［21］学信网：《民进中央提案建议农村教师流失应建立补偿制度》，http：//www.chsi.com.cn/jyzx/200703/20070314/758577.html。

［22］国家统计局网站：《2000—2010 年〈中国统计年鉴〉》，http：//www.stats.gov.cn/tjsj/ndsj/。

［23］国家民政部网站：《2007—2010 年全国民政事业统计数据》，http：//cws.mca.gov.cn/article/tjsj/qgsj/。

［24］国家统计局网站：《2010 年国民经济和社会发展统计公报》，http：//www.stats.gov.cn/tjgb/ndtjgb/qgndtjgb/t20110228_402705692.htm。

五 报纸类

［1］《中国贫困线与国际标准差距悬殊》，《中国青年报》2009 年 4 月 10 日。

［2］《中共中央关于推进农村改革发展若干重大问题的决定》，《人民日报》2008 年 10 月 20 日。

［3］部宣：《民政部：首次在全国开展农村五保供养表彰工作》，《中国社会报》2010 年 7 月 23 日。

［4］刘晓忠：《失地农民需要新的社会身份》，《21 世纪经济报道》2011 年 11 月 1 日。

［5］李丽辉：《中央财政对西部地区转移支付年增 28.2%》，《人民日报》2009 年 11 月 25 日。

［6］棕和：《我国农村人口老龄化程度高于城市》，《中国社会报》2011 年 9 月 23 日。